Tittenbonus

Danksagungen

Ohne meine Familie bin ich nichts.
In liebevoller Erinnerung an Pops. 1942-2004

Thanks to Tom Brown for the stunning subtitle.

Herzlichen Dank an meine Cousinen Silvi und Caro, die sich gänzlich unerschrocken bereiterklärt haben, meine Gedanken zu lektorieren. Ich bin sicher, dass das nicht immer ganz einfach war.

Besten Dank an meinen ehemaligen Kollegen UB, der mich mit dem Erlebten zu k2 inspiriert hat.

Und nicht zuletzt danke ich besonders meinem Bruder, der mich auf BoD aufmerksam gemacht hat. Ohne deine Anregung wäre das hier nicht möglich gewesen. GJ. Darüber hinaus danke ich dir für die Inspiration zu k16.

Memento mori!

Ben Sinninger

Tittenbonus

You can't beat fun. You can't even tie it. - Tom Brown

Impressum

Copyright 2013 Ben Sinninger
Kontakt: bensinninger@gmail.com

Ben ist auch bei:
- Facebook,
- Instagram (bensinninger) und
- Twitter (@bensinninger)

Herstellung und Verlag:
BoD – Books on Demand, Norderstedt
ISBN 978-3-7322-5473-6

Bibliografische Information der Deutschen Nationalbibliothek:
Die Deutsche Nationalbibliothek verzeichnet diese Publikation in der Deutschen Nationalbibliografie; detaillierte bibliografische Daten sind im Internet über www.dnb.de abrufbar.

So sieht es aus:

prolog - kurz und vorweg

Der Titel klingt sexistisch. Das ist aber nicht so gemeint. Ich relativiere das nicht, weil ich Angst vor Alice Schwarzer oder Anschlägen einer paramilitärischen, südniedersächsischen Frauenbewegung habe, sondern weil ich klar zum Ausdruck bringen möchte, dass ich Frauen selbstverständlich als gleichwertige Partner akzeptiere.

Anlass zu diesem Buch ist vielmehr ein anderer: Ich bin ein Durchschnittstyp, wie 99% der anderen Männer auf diesem Planeten auch. Und ich bin sicher, dass jeder dieser Kerle sich schon mal geärgert hat, keine Titten zu haben. Sie wissen nicht, was ich meine? Stellen Sie sich folgende Situation vor: Morgens, halb acht. Sie haben schlecht geschlafen auf der Couch, weil ihre Ex-Freundin mit ihrem Neuen im gemeinsamen Bett schlafen wollte; es sind keine Kaffeefilter mehr da; wenn Sie an sich runterschauen, können Sie den Kleinen aufgrund übermässigem Bier- und Schokoladenkonsum nicht mehr sehen und der Chef will um neun Uhr Zahlen von Ihnen, mit denen Sie noch nicht einmal an-gefangen haben. Der perfekte Morgen.

Der Coffeeshop kommt wie gerufen. Rein da, wie immer, voll. Noch 30 Minuten bis Deadline. Klappt schon. Aber das dauert – ein Kunde möchte unbedingt passend zahlen und hat keine Brille auf. Eine ältere Kundin kann sich einfach nicht entscheiden und dann muss die Maschine neu betankt werden ... Hm ... Sie werden unruhig. Noch 20 Minuten. In Gedanken sammeln sie schon die Kennzahlen zusammen, die sie gleich ihrem Chef präsentieren wollen und als sie an der Reihe sind, werden sie plötzlich sanft, aber bestimmt zur Seite gedrängt von einem brünetten Etwas mit 80C und gelbem XXS-Shirt. „Entschuldigung" sagt sie, „ich darf doch, oder?" Dabei blinzelt sie wiederholt und unnatürlich mit ihrem Douglas-perfekten Tuschkastenaugenaufschlag, wackelt schulmädchenhaft mit den Möpsen hin und her, nicht vergessend, ihren Arm auch mit den Brüsten leicht zu streifen. Tja, sie können nichts dagegen tun. Sie sind paralysiert. Sie kriegen nicht mal ein Wort hervor.

Scheiß auf den Kaffee. Sie müssen los. Sie kommen 2 Minuten zu spät und das avisierte Meeting wurde um 10 Minuten vorverlegt.

Frauen wollten die Emanzipation. Und sie haben sie bekommen. Das ist mir Recht. So soll es sein. Niemals wollte ich eine Frau, die zu allem „Ja und Amen" sagt. Ich mag selbstbewusste, intelligente und starke Frauen (auch wenn das manchmal zu Auseinandersetzungen führt). Das bedeutet jedoch auch, dass Sie sich aufgrund Ihrer körperlichen Reizen ihrer Verantwortung bewusst sein sollten. Na gut, die Frauen wurden zwar in den ersten paar tausend Jahren der menschlichen Zivilisation unterdrückt, aber das kann doch nicht dazu führen, dass das jetzt anders herum läuft?

Klar, der durchschnittliche Mann ist ja selbst Schuld, sagen die Frauen! Aber wenn er genetisch so programmiert ist, dass Möpse vor der Linse zur absoluten Fokussierung durch das Kleinhirn führen und dieses dann auf Hochtouren arbeitet (ich stelle mir das so vor wie meine Anzeige auf dem Desktop des Win7-Rechners – Minianwendung – die zeigt, dass mein I5-Prozessor zu 100% ausgelastet ist und nichts anders mehr machen kann – STRG-ALT-ENT => You Porn beenden – dann geht auch alles andere wieder), dann können die Ladies doch irgendwie darauf Rücksicht nehmen, oder? Emanzipation bedeutet im weitesten Sinne Befreiung und Angleichung, nicht Beherrschung des anderen Geschlechts.

Das ist ein Spiel, Männer. Und wir müssen es mitspielen. Lassen Sie die Damen mit ihren Reizen auch mal stehen!

Dieses Buch ist eine Ansammlung von Erzählungen und kleinen Erlebnissen, die schlichtweg der Unterhaltung dienen. Wenn ich jemals einen Leser treffe, will ich um keinen Preis eine soziologische Diskussion mit Tee und Räucherstäbchen. Es steckt kein tieferer Sinn dahinter. Ehrlich nicht. Ich liebe eine Frau, ich habe immer Frauen geliebt und so wird es auch immer sein. Und wenn sich auch sonst der Großteil meines Lebens um die Liebe zu einer Frau dreht; dieses Buch ist für Männer. Word.

Nehmen Sie sich einen Stift zur Hand. Nach jedem Kapitel empfehle ich eine Bewertung (nach Mann und Frau getrennt für den besonderen Fall, dass auch die Damen das Buch in die Hand bekommen) und es besteht die Möglichkeit, eigene Erfahrungen festzuhalten.

Mecklenburg-Vorpommern, Sommer 2013

k1 – Katja aus St. Gallen

(Conil de la Fronterra, Andalusien im Juli 2003)

Ich meine – ernsthaft – wer kennt das nicht? Sie liegen mit Kumpels aus alten Tagen am Strand und schon nach kürzester Zeit haben Sie keine Idee mehr, worüber Sie sich unterhalten sollen. Diese Begegnung der dritten Art läuft immer nach dem selben Schema ab: Erst ein freudig-übertriebenes „Hey – cool, lange nicht gesehen" und „Mensch doh, ist das schön, dich mal wieder zu sehen" und nach den sowieso nicht so wichtigen Fragen wie „Wie geht es dir?" und „Was machst du so?" (äquivalent zum amerikanischen „How do you do?" - interessiert niemanden) haut man sich erst mal so richtig die Taschen voll, wie geil man denn so ist, bei Bedarf tauscht man noch mit einer lockeren Handbewegung die Visitenkarten aus, gefolgt von so bedeutungsschwangeren Sätzen wie „Und – ist geil hier, wah?" oder „Mann, ist das heiß". Währenddessen schaut man jedoch schon längst wieder am Gesprächspartner vorbei, checkt die Lage, zündet sich außerordentlich entspannt eine Kippe an und spielt mit der rechten Hand am Sack. 25 Minuten sind um. Und jetzt?

So geschehen an irgendeinem wundervollen Strand in Andalusien im Sommer 2003. Ich war zu der Hochzeit eines wirklich guten Freundes aus Musikerzeiten eingeladen und traf dort auch ein paar alten Bekannte aus diesen Tagen wieder, mit denen ich schon damals nicht mehr als zwei Sätze am Stück gewechselt habe. Die Hochzeit war sehr romantisch, weißes Kleid, tolle Blumen, hervorragendes Essen, das ganze Programm. Die Gegend ist im Gegensatz zu mir sehr ka-

13

tholisch und es war scheiß heiß. Stellen Sie sich rund 35 Norddeutsche in schwarzen Anzügen vor – ich war so feucht, wie ich es noch nicht kannte. Die anwesenden Spanier trugen bunte und lockere Anzüge. Dabei dachte ich gerade bei einer streng katholischen Gegend, dass auf dunkle Anzüge und Etikette besonders viel Wert gelegt würde. Wikipedia kannte ich damals noch nicht.

So kam es nach der Hochzeit noch ein einwöchiger Urlaub in Andalusien. Dieser Urlaub verlief, entgegen meiner sonstigen Gewohnheiten, nach einem Sangria-Mallorca-verdächtigen Schema: Nicht mehr als 10 Meter zum Wasser, nicht mehr als 10 Meter zur Strandbar und an keiner Stelle mehr als 15 Minuten verweilen. Zur Verdeutlichung habe ich mir trotz meiner ausgeprägten Kunstlegasthenie die Mühe gemacht, die Szene zu illustrieren:

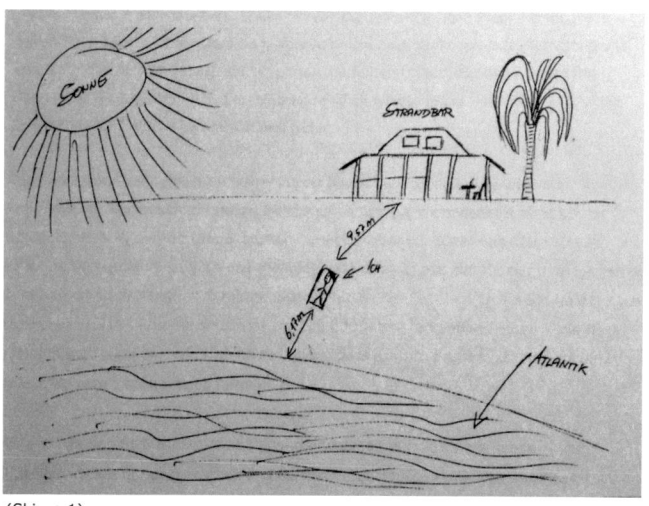

(Skizze 1)

14

Da sich der Tag am Strand generell in einem Zeitfenster von acht Stunden abspielte, war ich bereits am Nachmittag sternhagelvoll. Je voller ich wurde, desto intensiver huschten meine Adleraugen über das Terrain auf der Suche nach – klar, Möpsen. Ich bin nicht von Natur aus sexhungrig, aber es war zu dem Zeitpunkt schon vier Monate her, dass ich von meiner Freundin wegen eines Anderes verlassen wurde und ohne Sex lebte. Ich erinnerte mich lebhaft daran, dass laut „Brigitte" und „Freundin"[1] „Urlaub immer etwas anderes sei" und auch die Mädels einem kleinen, aufregenden Fick nicht abgeneigt gegenüber stehen. Soweit die Theorie.

Das war also mein Ziel. Mit meinen damaligen 34 Jahren hielt ich mich nie für einen besonders geübten oder gar erfolgreichen „Anmacher". Ich war immer stolz darauf, dass ich ohne Symptome von weit verbreiteten Geschlechtskrankheiten aus dem Urlaub wieder in die Normalität des Alltags zurück gekehrt bin. Keiner meiner Urlaube lief unter der Prämisse, den kleinen Freund in möglichst vielen Seen zu baden. Wenngleich ich auch weiterhin davon ausging, dass ein intellektueller Austausch mit neuen Menschen immer das Wichtigste für mich sei, so wollte ich in diesem Urlaub einfach nur - Sex. Schließlich gibt es ja Kondome. Und ich hatte gehört, dass es auch Frauen gibt, die mit diesem Vorsatz in den Urlaub fahren.

Da ich 2003 in Spanien noch nichts von Datingparties Gleichgesinnter mit PostIt-Zetteln auf der Stirn wusste, auf denen sexuelle Vorlieben und bereits gebuchte Stundenhotelzimmer in der Nähe stehen, lag vor dem eigentlichen Akt

---

1   Ich empfehle jedem Mann, sich zumindest ein paar Mal eindringlich mit der Lektüre der Partnerinnen zu beschäftigen. Nicht nur, dass einem das o.g. Einsichten erleichtert; es zeugt außerdem von Interesse. Wenn Sie ihre Partnerin lieben, ist das Interesse nicht geheuchelt.

noch der Anbahnungsprozess (aus meiner Sicht) bzw. das Auswahlverfahren (aus weiblicher Sicht). Am Strand wurde also zu allererst ein bezauberndes Mädel gesucht. Die ideale Ausschauposition auf dem Badehandtuch ist intensiven Versuchsanordnungen zufolge – locker auf dem Rücken liegen. Das verdeckt den durch Büroarbeit plattgesessenen und dadurch unerotischen Hintern. Der Oberkörper wird auf die im 90°-Winkel geknickten Arme gestützt. Das hat zwar den Nachteil, dass der „Bohème-Safetybelt" (Wohlstandsrettungsring) leicht in Erscheinung tritt, ist aber für den absoluten Überblick unabdingbar. Niemals ganz aufsetzen, sonst wird der Bauch zu fett. In meiner Kindheit muss ich wohl zuviel Werbefernsehen geschaut haben. Unterbewusst will ich wahrscheinlich immer noch wie Markus Schenkenberg aussehen. Mann, wie macht der das nur? Der ist mittlerweile über 40 und sieht immer noch wie 25 aus. Auf keinen Fall (!) darf eine Sonnenbrille getragen werden. Das zeugt nicht von Selbstbewusstsein. Jede Frau weiß, dass Männer mit Sonnenbrillen nur spannen wollen. Ganz anders sieht das aus, wenn ich den Frauen ohne Sonnenbrille, mit den Augen den Hof mache. Ich sende eindeutige Signale und sie wissen sofort, woran sie sind. Letztlich musste ich also nur alle körperlichen Makel so gut wie es geht verbergen und zeigen, dass ich weiß, wie toll ich bin. Und auch wenn ein dicker Bauch niemals ein ernstzunehmender Grund sein könnte, mich nicht zu mögen, so sind auch die Mädels nicht frei von der Magie (oder Nicht-Magie) des ersten Eindrucks. Das liegt in der Natur der Dinge.

Mit dieser optimalen Liegeposition als Ausgangslage bekam das Ziel schon am zweiten Tag ein Gesicht: Lange, dunkle Haare, J-Lo-Po und 1,64m groß. Die Art, wie sie im Sand lag und sich bewegte oder wie sie aus dem Wasser kam, - hinreissend.

Die Eroberungen im Urlaub am Strand laufen zu 99% immer nach dem gleichen Schema ab: Erst wird ein zarter Blickkontakt gepflegt mit einem schüchternen Lächeln, dann kommt die „Wag-ich's-oder-wag-ich's-nicht-Phase" und schließlich dann der mehr oder weniger plumpe Vorstoß des Schwanzträgers. Warum lassen sich Frauen eigentlich immer erobern? Warum funktioniert das bloß immer nur so rum? Ich bin auch schon mal von einer Frau angesprochen worden (sogar zwei Mal), aber im Vergleich zu den 425 Flirtversuchen in meinem Leben, die von mir ausgingen, wiegt ZWEI-MAL praktisch nichts. Das sind weniger als 0,5%! Oje ... George Clooney steht möglicherweise nicht vor dem Problem, aber George Clooney ist ja auch kein Durchschnittskerl. Ich sehe zwar genauso gut aus, aber er ist Schauspieler, und ich bin unbekannt. Ergo – meine Rechnung stimmt. Clooney ist „out of bounce".

Der Reihe nach: Die ersten, zarten Blickkontakte waren schnell am Start. Ich hatte von Augenblick zu Augenblick mehr das Gefühl, dass sie mich regelrecht aufforderte, sie endlich anzusprechen. Da lag sie, auf dem Bauch, immer ca. 20 Meter entfernt, hob immer wieder den Kopf und schaute zu mir rüber. War das nicht Nötigung? Die Blicke, die mich aufforderten, der Schwanz, der mich trieb und die (noch) vorhandene Intelligenz, die mir immer wieder suggerierte: „Nee nee, so nicht. Ich lasse mich doch nicht in einen Topf schmeissen mit Volldeppen des boomenden Thailändischen Sextourismus und bescheuerten Ballermann-Besuchern. Ich habe Stil und mach das anders." Wenn ich dann dennoch aufstehe und meine Beine mich zu ihr tragen, - wurde ich genötigt? Und wenn ich den Sachverhalt nicht unter den entsprechenden Paragraphen im BGB subsumieren kann, lege ich dem Bundestag ein Novellierung der Rechtsprechung vor: Vorsätzliche Ausschaltung des männlichen Großhirns durch offensichtlichen und eindeutigen Einsatz der Primärreize der Frau. Darauf steht in Zukunft Gefängnis. Oder zumindest eine Ordnungsstrafe.

Kommen wir zu Phase zwei – die „Wag-ich's-oder-wag-ich's-nicht-Phase" ist besonders durch drei Verhaltensweisen geprägt:

1. Das ständige Nerven der anwesenden Freunde („Eih, Mann, soll ich nun?" oder „Ich glaube, die steht auf mich.")

2. Häufiges Aufstehen und Präsentieren (Adonis-Körper vorausgesetzt) und

3. Übermäßig lautes Lachen und Reden (Gockel-Gehabe).

Das Fass zum Überlaufen bringt dann die sofortige Assoziation, wenn sie bei strahlende Wetter aus dem Wasser an den traumhaften Strand zurückkommt. In Slow-Motion bewegt sie sich mit schwingenden Hüften aus den seichten Wellen. BO DEREK/HALLE BERRY! … Genau so sah das aus. Sie wirft den Kopf in den Nacken, streift mit ihren Händen durch ihr nasses Haar und zupft geschickt ihren dünnen Bikini zurecht. Ihr leichtes Frösteln ist dabei deutlich zu erkennen.
Keine Frage - DAS IST NÖTIGUNG!

Auch diese Szene habe ich mit Akribie zum besseren Verständnis zu skizzieren versucht:

(Skizze 2)

Im Laufe der Tage wiederholte sich immer wieder ein spezieller Ablauf. Sie lag auf ihrem Handtuch umgeben von Freundinnen, und wenn sich der Strandtag dem Ende zuneigte, schlug sie vom Strand zur Promenade jedes Mal einen anderen Weg als ihre Begleiterinnen ein, ging ganz dicht an mir vorbei, unsere Blicke trafen sich, mein Herz hörte auf zu schlagen, alle schauten mich an. Jeder der Hochzeitsgäste schien zu sagen: „Los, sprich sie an". Ich fühlte mich nun also nicht mehr nur durch Katja genötigt, - meine „Freunde" hatten auch noch Spaß daran, mich zusätzlich unter Druck zu setzen … Naja, das Verhalten von ihr war eindeutig: Klar wie Kloßbrühe – sie wollte mich. Zum besseren Verständnis – eine letzte Zeichnung zu dem Thema:

19

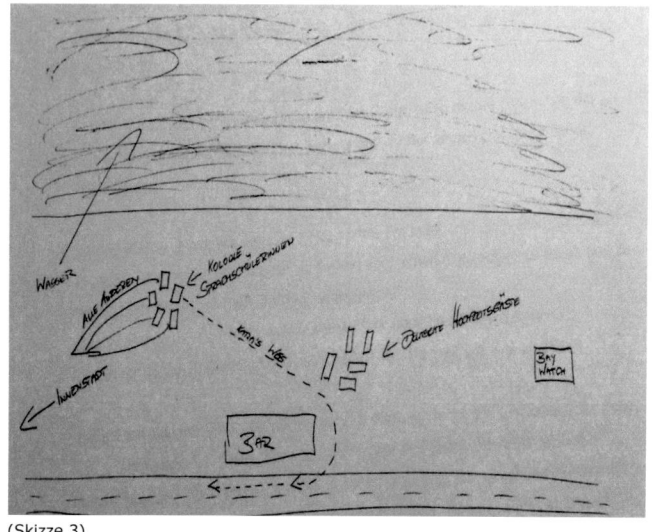

(Skizze 3)

Was hätten Sie gemacht?

Ich weiß es noch wie heute: Sechs deutsche Jungs und „ein ganz spezieller" weiblicher Hochzeitsgast aus Berlin[2] staunten nicht nur Bauklötze, sondern waren plötzlich stumm, ja nahezu entgeistert, als ich am letzten Strandtag ohne Vorwarnung aufstand und sagte: „Ich ziehe das jetzt durch, sonst ärgere ich mich nächste Woche, dass ich es nicht gewagt habe."

„Hi" sagte ich und setzte mich neben sie in den Sand. „Wie heißt du?"

---

2 Kategorie: „Habt ihr auch neulich im Zeitmagazin gelesen, fiskalisch zwar unerheblich, aber dennoch ökonomisch negierbar begünstigt die Typisierung der Widersprüchlichkeit eine Verwendung der Ursächlichkeit und wird deshalb eine forschungsabhängig rationale Gewinnmaximierung als Kontrast zur Nachwirkung des Synergieeffektes (…)" HALLO? Ich liege am Strand!

„Katja" antwortete sie höflich und lächelte.

„Woher kommst du?"

„Aus St. Gallen in der Schweiz."

Sie war für einen zweiwöchigen Sprachkurs in Conil, kannte vorher niemanden und war 18 Jahre alt. Ups, das ist jung.

„Heute Abend feiern wir den Geburtstag eines Freundes. Wir haben drei Häuser gemietet, ein Pool, einen Grill und genug zu essen und zu trinken. Magst du mitfeiern?"

„Ich weiß noch nicht genau. Wie lange seid ihr noch hier?" antwortete sie.

„Keine Ahnung. Ne Weile noch. Sag einfach an. Du weißt ja, wo ich liege."

An dieser Stelle habe ich nicht den gesamten Wortwechsel wiedergegeben. Das wäre ebenso sinnlos wie zeitaufwendig. Einfach nur ein wenig Smalltalk. Ich war zwar nicht sicher, wie sie sich entscheiden würde, aber ich fühlte mich trotzdem gut. Ich hatte es getan. Ich konnte es noch. Ich wagte es. Ich bin cool.

Das Strandhandtuchlager „Deutschland" begrüßte mich mit anerkennenden Blicken

„Und? Kommt sie?" waren die ersten neugierigen Reaktionen.

„Sie überlegt es sich" antwortete ich.

Es dauerte keine 30 Minuten und ich war ein wenig weg gedöst, als Katja an meinem Handtuch stand und meinte, dass sie nicht mitkommen werde. Das war im ersten Moment okay – ich fühlte mich trotzdem immer noch gut. Dann eben nicht, dachte ich und machte einen Haken an die Sache. Für diese Konversation und diesen Korb habe ich fünf Tage meine Nerven strapaziert. Dabei war ich ihr in meinen Gedanken schon so nah, konnte sie riechen und spüren und ließ meine Hände über ihren Körper gleiten. Nach Stunden und etlichen Klischees gaben wir uns der Leidenschaft hin und lieben uns lange und gierig. Es blieb bei meinen Fantasien. Naja. Meine deutschen Bekannten bewunderten mich trotzdem für meinen „Mut" und mein Freund Sam aus alten Tagen meinte nur: „Sauber, hat zwar nicht geklappt, aber vielleicht gibst du Thomas[3] mal ein wenig Nachhilfe. Er traut sich so was nie."

Nachhilfe hin – Nachhilfe her. Je länger ich über das Geschehene nachdachte und auch wenn Katja mir unbestritten höflich einen Korb gab und aus welchen Gründen auch immer sie das tat, desto klarer wurde mir, wie unverschämt und eiskalt berechnend ihre Vorgehensweise war. Hat sie nur ihre Wirkung getestet? Oder war sie so kurzsichtig, dass sie auf die 10 Meter mit meinem Aussehen so daneben gelegen hat? Je länger die Party dauerte, desto mehr ärgerte mich das Geschehene. Als sich schließlich mein Ärger so weit aufgestaut hatte, dass ich mit meiner Meinung nicht mehr hinter dem Berg halten konnte, lag ich schon voll am Pool und konnte mich nicht mehr bewegen. Nein, ich war nicht ihretwegen betrunken. Die pralle Sonne, die tolle Location und das süffige spanische Bier waren schuld. Auch wenn ich noch nicht meine Muttersprache ganz verloren hatte, hatte sie Glück, mir nicht mehr zu begegnen. Ich hatte auch Glück –

---

3   Thomas kenne ich auch schon seit Jahren. Wir haben zusammen musiziert. Thomas will (pathologisch?) von jeder Frau beim ersten Daten den PH-Wert wissen, weil er irgendwo mal gelesen hat, dass zwei nicht harmonisierende PH-Werte bei der Kopulation zu Verätzungen im Geschlechtsbereich führen können.

mein Selbstbewusstsein war stark genug, um dieses Erlebnis wegzustecken." Aber bei anderen Männern kann eine berechnende Frau damit wirklich bleibende Schäden hinterlassen.

Mir fällt in diesem Zusammenhang eine Szene aus dem Film „Head over Heels" mit Freddie Prince Jr. ein: Vier Mädels wohnen in einer WG und jeden Abend stehen Dutzende von Männern mit wahnwitzigen Geschenken vor der Tür. Immer um acht Uhr machen die Ladies die Tür auf, die Männer dürfen sich kurz präsentieren und dann wird selektiert: „Du, du, du und du – ihr dürft uns heute Abend einladen. Der Rest – vielen Dank, dass ihr da wart. Versucht es doch morgen wieder. Grotesk.

Mir sind zwar keine anderen Kerle am Strand aufgefallen, denen du schöne Augen gemacht hast, aber trotzdem fühlte ich mich wie die Kerle vor der ModelWG. Interessant machen und dann eiskalt aussortieren. Ist das mit natürlicher Selektion gemeint? Bisher projizierte ich das nur auf überfahrene Katzen. Ich war und bin dir nicht böse, sondern nur ein wenig enttäuscht, dass ich nicht wie Clooney aussehe und wie Schenkenberg wirke.

An diesem Strand in Andalusien wurde die Idee zu „Tittenbonus" geboren. Die anwesenden Jungs befanden die Idee für gut und absolut marketingtauglich. Schön, dass Sie darauf anspringen und dieses Buch gekauft haben. Schließlich muss ich von irgendwas leben.

Danke, Katja.

Sie sind dran:

Er

- ☐ Like
- ☐ Dislike
- ☐ Unentschlossen

- ☐ Schon mal erlebt
- ☐ Kenne jemanden, der das kennt
- ☐ Noch nie in dieser Weise

Erinnert mich an _____

Sie

- ☐ Like
- ☐ Dislike
- ☐ Unentschlossen

- ☐ Schon mal genauso gemacht
- ☐ Kenne eine, die das gemacht hat
- ☐ Schwachsinn

Erinnert mich an _____

k2 – Auffangbecken

Als ich meiner Mum 1998 erzählte, dass ich neben dem Studium in einem Call Center arbeite, wollte sie mich sofort aus Lüneburg zwangsevakuieren. Davon gehe ich jedenfalls aus.

„Um Gottes Willen," sagte sie, „wie kannst du mir das antun?"

Hä? Was tue ich dir an? Mein Mum ist normalerweise immer auf der Höhe des Zeitgeschehens, aber in diesem Moment ging sie sehr wahrscheinlich davon aus, dass ich mich täglich nach den Vorlesungen in Wirtschaftsprivatrecht und BWL an solvente Frauen (Ich hoffe, sie dachte nur an Frauen) verkaufe. Tse. Die Aufklärung konnte das Missverständnis ausräumen. Ja, ich habe in einem Call Center gearbeitet und schäme mich nicht dafür. Es war ein Job und das war für eine Weile in Ordnung.

Nach dem Studium nutze ich die Chance, in einem anderen Call Center in Schwerin als Teamleiterassistent zu arbeiten. Ich weiß noch, wie ich zu meiner damaligen Freundin sagte: „Die machen da neu auf. Das ist eine Chance für mich, weiterzukommen und erste praktische Erfahrungen zu sammeln." Sie war skeptisch, und ich schlug die Warnungen auch nicht einfach in den Wind. Das war noch nie meine Art. Ich überlegte, wog ab und entschied mich dazu, mein Glück in Schwerin zu suchen. Dieser Entschluss wurde nicht wenig auch von der Tatsache vorangetrieben, dass meine Freundin ebenfalls in Schwerin einen Job antrat. Viele Mitarbeiter fragten mich im Laufe der Jahre, was ein Akademiker in ein

Call Center treibt. Und immer mal wieder zwischendurch hatte ich das durchdringende Gefühl, im August 2000 bei Antritt einen Fehler gemacht zu haben. Nach 11 Jahren beendete ich meine Tätigkeit in Schwerin im Sommer 2011 als „Abteilungsleiter von irgendwas" (blabla) und ziehe rückwirkend ein positives Fazit: Meine Persönlichkeit hat sich positiv entwickelt, meine Erfahrungen, mein Fachwissen und mein Auftreten sind dementsprechend. Neben vielen Höhen und Tiefen gab es eine Sache, die immer scheiße war: Die Bezahlung. Führungskräfte in Call Centern sind chronisch und vielleicht sogar pathologisch unterbezahlt.

Das Gute an einem Call Center dieser Größe und meines Aufgabenfeldes der letzten Jahre ist, dass ich unglaublich viele Menschen kennengelernt habe. Menschen jeder Art. Und wenngleich ich viele schätzen und wenige sogar lieben gelernt habe, so musste ich doch aufgrund der mannigfaltigen Charaktere in diesem Center zu dem Schluss kommen, dass ein Call Center u.a. ein Sammelbecken für Tussen und Tusser ist. Die Intelligenz dieser Klientel strebt durchschnittlich gegen Null. Die Welt der Bildung scheint hier von keinem Ort der Welt weiter entfernt. Zu alt für den Bau, zu dumm für ein Studium und zu blöd für die Wirtschaft – ab ins Call Center. Und der Teamleiter, das arme Schwein, muss daraus Leistung abrufen.

Um Personalführung zu lernen gibt es meines Erachtens keine bessere Schule. Die Schnelligkeit des Call Center Lebens bzgl. Entscheidungen, Lösungen und Konsequenzen ist beeindruckend. Dementsprechend hoch bzw. steil ist die Lernkurve. Dennoch habe ich immer wieder den Eindruck gehabt, dass ich streckenweise nicht zu Vorstellungsgesprächen eingeladen worden bin, weil ich in einem Call Center gearbeitet habe. Das ist genauso ignorant wie dumm.

Sei es drum – ich bin hier, mein Manuskript auch und im Folgenden einige lustige und auch beängstigende Eindrücke aus 12 Jahren Call Center.

Tussi 1, Wimbledon 2001:
Es regnet in London und das aktuelle Spiel ist unterbrochen. Jeder kennt das, - die Plastikplane wurde über das Spielfeld gezogen und im TV laufen Auszüge aus den Vortagsspielen. So weit, so gut. Eine Kundenbetreuerin kommt zum Teamleiter, um ein Kundenanliegen vorzutragen.

Kundenbetreuerin: „Du, sach mal. Warum spielen die in Wimbledon gerade nicht?"
Teamleiter: „Na, weil es regnet. Solange es regnet, zeigen wir Ausschnitte aus den Spielen von gestern."

Die Kundenbetreuerin trabt davon, um dann nach drei Schritten kehrt zu machen, noch mal auf den Teamleiter zuzugehen und folgende, für den Kunden wirklich wichtige Frage zu stellen:

„Wann wird es denn aufhören zu regnen?"

Der Teamleiter lässt umgehend die Finger von der Tastatur, schaut sie sprachlos und entgeistert an und reagiert nur mit einem unverständnisvollen, nie enden wollenden Kopfschütteln. Die Kundenbetreuerin schaut ihn an und erwartet, auch nach der Entgleisung einiger Gesichtszüge, immer noch ein Antwort. Schließlich findet er nach scheinbar minutenlanger Geistesstille die Worte wieder und fährt sie regelrecht an.

„Wie soll ich das wissen? Kann ich etwa über Wasser laufen?"

Offensichtlich beleidigt macht sich die Kollegin zurück auf den Weg zum Telefon, um dem Kunden letztlich nicht helfen zu können. Alltag in einem Call Center unter der Berücksichtigung, dass der Kunde das Pech hat, eine Dumpfkuh an die Strippe zu bekommen. Sie ist in der Tat davon ausgegangen, dass wir aufgrund der exklusiven Übertragungsrechte den Regen kontrollieren. Bis heute hat sie wahrscheinlich nicht begriffen, warum der Teamleiter sie angefahren hat.

Objektiv betrachtet ist diese Kollegin hübsch. Sie entspricht dem durch Werbung suggerierten Schönheitsideal: Dicke Dinger, toller Hintern, flacher Bauch und braun gebrannt. Ihre Wimpern sind angemalt und das Make-Up ist nicht zu dick, sondern professionell aufgetragen. Einzig allen die Buffalo-Plateau-Schuhe verraten dem geschulten Auge, dass es sich hierbei um ein menschliches Exemplar mit einem IQ vergleichbar mit einem (ungetoasteten) Toastbrot handelt. Und wenn ich dann auch noch sehe, dass genau diese Frau mit einem A8 abgeholt wird, ständig neue Klamotten hat und die Mittagspause nur bei McDonalds verbringt, wundere ich mich ernsthaft - wie kommt diese Frau so durch das Leben? Aufmerksame Leser werden sich diese Frage schon selbst beantwortet haben: Tittenbonus. Hand auf, Beine breit und Prinzessin spielen (Reihenfolge kann variieren). Und glauben Sie mir – das sind Frauen, die sich in dieser Rolle wohlfühlen. Es gibt bestimmt auch Frauen, die eine gewissen moralische Flexibilität an den Tag legen und trotz durchschnittlicher oder sogar überdurchschnittlicher Intelligenz den gleichen Weg einschlagen. Ich sehe keinen Unterschied hirnamputierten Tussis und berechnender Girlies. Beide spielen ihre weiblichen Reize gleichermaßen (wenngleich auch sicherlich „verschieden-bewusst") am Mann aus. Das macht uns Männer zu wirklich armen Schweinen. Wir sind ausgeliefert.

An dieser Stelle möchte ich mit dem weit verbreiteten Irrglauben abrechnen - „dumm fickt gut". Das ist völliger Quatsch. Auch gebildete Frauen haben einen Trieb. Vielleicht braucht es ein wenig länger, sie zu erobern oder auch nur ins Bett zu kriegen. Das muss gar nicht zwangsläufig so sein, denn – wie gesagt – auch sie haben Spaß am Orgasmus. Doch selbst wenn Sie ein wenig mehr investieren müssen, lohnt sich die Mühe im Erfolgsfall immer. Haben Sie je mit einer dummen Frau gepoppt? Grauenvoll. Genau wie bei dämlichen Männern läuft da nur etwas instinktmäßiges ab – Befriedigung. Kein Eingehen auf den Partner, sondern nur der reine Trieb und beispielsweise die Stimulierung der Klitoris. Ich stelle Ihnen eine These vor, von der Sie bestimmt denken, „das ist ja so was von klar."; aber haben Sie das je so ausgesprochen: Intelligent fickt viel besser!

Probiere Sie das mal aus.

Über dumme Menschen zu lachen ist unmoralisch? Finden Sie? Schließlich können sie nichts dafür, dass sie dumm sind? Richtig. Obwohl? Nein, richtig. Aber unmoralisch? Nein, finde ich nicht. Es macht nun mal weniger Spaß, über intelligente Frauen herzuziehen. Und – hey – dumme Menschen haben einen Vorteil mir gegenüber: Sie denken nicht so viel nach und zermartern sich nicht so häufig, intensiv und ausweglos das Hirn. Brauchen Sie Zeit, um mir zuzustimmen?

(...)

Ich gebe Ihnen noch mehr Zeit.

(…)

Ich leide manchmal unter meinen Gedanken. Also mache ich mich über Dumpfbacken lustig. Und zwar auf eine subtile Art und Weise, dass sie es in den meisten Fällen nicht realisieren. Tun Sie es mir einfach gleich.

Zurück zu meinen lieben Kolleginnen und der Geschichte von Tussi 2, irgendwann im Spätsommer 2002:

Die Kundenbetreuer in einem Call Center arbeiten selbstverständlich mit Rechnern. Um mehrere Kundenanliegen gleichzeitig bearbeiten zu können, wird mit mehreren sogenannten Session gearbeitet (in der Leiste bei Windows unten nebeneinander liegende Datenmasken), die aber alle auf die selbe Kundendatenbank zugreifen. Der gleiche Teamleiterkollege, der schon die dummbräsige Wimbledon-Torte ertragen musste, wurde an einem schönen Augusttag mit folgender, ich muss schon sagen, Weltklasseleistung konfrontiert[4]:

Kundenbetreuerin: „Du sach mal (ja, das fängt immer so an!), ich habe hier einen Vertrag, der im Fachhandel zweimal aufgenommen wurde. Das ist falsch und wir müssen einen Vertrag wieder beenden."

Der Teamleiter fragt in seine gewohnt routinierten und ruhigen Art nach der Kundennummer und verschafft sich einen Überblick.

---

[4] Bitte nehmen Sie sich alle vorhandene Konzentration und malen Sie sich ein geistiges Bild vom Folgenden.

Teamleiter: „Ich sehe hier nur einen Vertrag. Wo ist der Zweite?"

Die Kundenbetreuerin schaut und scheint für den ersten Moment erst etwas perplex, dann verstört, schließlich einsichtig und trabt zu ihrem Platz zurück. Es dauert keine zwei Minuten, da steht die Kollegin wieder vor ihm und trägt ihr Anliegen erneut vor:

Kundenbetreuerin: „Du, das sind zwei Verträge. Ich weiß nicht, warum wir das eben nicht gesehen haben, aber bei mir auf dem Rechner sind definitiv zwei Verträge zu sehen."

Erneut tippt der Teamleiter die Kundennummer ein und überprüft den Vertrag auf dem Bildschirm. Wiederum kommt er zu dem gleichen Ergebnis.

„Du, nein", sagt die Kollegin, „bei mir ist der Vertrag zweimal aufgenommen. Gleiche Kundennummer, gleiche Bankverbindung."
„Das geht doch gar nicht." erwidert der Fachmann.
„Du, bei mir ist das aber so. Mein PC spinnt heute sowieso."
„Der PC?" antwortet der Teamleiter mit anschwellender Halsschlagader.

Die Geschichte findet nur Sekunden später am Arbeitsplatz der Kollegin ihren Höhepunkt.

„Hier," sagt die Kundenbetreuerin selbstbewusst und klickt auf die erste Session, „und hier, (klick) auf der zweiten Session auch."

Die Augen treten dem Teamleiter aus dem Gesicht: „Gib die

eine Kundennummer noch auf der dritten Session ein – dann sind es drei Verträge!"

Herrgott! Frage an alle Mediziner der Welt: Gibt es bei der Gattung Mensch analog zu modernen Computern eine Art „Gehirnwechselplatte"? Ein Memorystick für Wechseldoofsein? Das führt unweigerlich zu einer weiteren Frage an die Kollegin: Warum hast du heute nur die 1MB-Platte eingelegt? Hast du die GB-Version nicht gefunden? Oder hast du die Kleine schon so lange drin, dass du dich nicht mehr erinnern kannst, dass es noch größere Varianten gibt? Mann – schieb deine Titten von meinem Platz! Deine eingeschränkten geistigen Fähigkeiten verursachen bei mir Durchfall!

An dieser Stelle fällt mir Kurt Tucholsky ein: „Mit Mädchen muss man schlafen. Wozu sind sie sonst da?" Sorry, Alice. Da helfen auch 100 Jahre „Emma" nichts.

Kennen Sie eigentlich diesen immer wiederkehrenden Traum eines Angstgepeinigten? Allein, auf einem relativ lichten Waldweg, stehen Sie mit nichts als Ihren Gedanken. Die absolute Stille ist wohltuend und beruhigend. Der Schreck fährt Ihnen in die Glieder, als Sie eine schwarze, deutsche Dogge auf sich zufliegen sehen. Die nicht kopierten Ohren fliegen im Wind und aus den Lefzen tropft das Sekret. Sie stehen da starr vor Schreck und Angst. Leichte Schweißperlen auf der Stirn, und wenn Sie gerade pullern müssten, ginge es jetzt in die Hose. Da hilft es wenig, wenn das Herrchen aus ca. 250 Metern wild gestikulierend brüllt: „Keine Angst, der will nur spielen."

Wenn Sie jetzt den Hund gegen Alice und ihre Mädels mit

(logisch) WMF-Küchenmessern austauschen und in die Rolle des Herrchens schlüpft das Strafgesetzbuch; genauso wenig beruhigend. Aber egal - ich stehe zu dem, was ich schreibe. Ich habe keine Angst vor der Reaktion auf meine Statements, ich beschreibe nur Erlebtes und bin selbstverständlich frei in meiner Meinung. So wie jeder in diesem Land. Jedenfalls glaube ich das bis heute ganz fest. Und Alice – ich bewundere deine Arbeit für die Emanzipation der Frau in den letzten gefühlten 100 Jahren! Respekt.

Kommen wir abschließend zu Tussi 3, die an irgendeinem schönen Sonntagmorgen mit einer wirklich wunderschönen Forderung eines Kunden zum Formel-1-Grand-Prix in Japan zum Teamleiter kam:

„Du, sach mal, gestern Nacht ham wir doch Boxen gezeigt, ne?"
„Ja, und?" erwidert der Teamleiter ohne aufzusehen.
„Du, und dann morgens, um 07:00 Uhr war doch das Formel-1-Rennen, ne"?

Der Teamleiter lässt die Finger ruhen, schaut zu ihr auf und erneuert etwas eindringlicher: „Ja, und?"

„Du, mich hat da ein Kunde angerufen[5] und den hab ich auch noch dran [Denkpause … Schnarch …] und – äh – naja, nun fragt mich der Kunde etwas dazu."

Aus eigener Erfahrung als Teamleiter weiß ich, dass mich solche Anfragen regelmäßig um den Verstand gebracht haben. Das Call Center Geschäft ist schnelllebig, d.h. es wird

---

5   Ach, echt? Kann das daran liegen, dass du in einem Call Center arbeitest? Mann!

von Produktivität (Gesprächszeiten, Nacharbeitszeiten) und einer Call Solution Rate (der Kunde ruft einmal wegen eines Problems an und nach dem Kontakt ist dieses Anliegen erledigt) gelebt. Ich erinnere mich noch heute gern an den Personalleiter meiner Ausbildungszeit, der die Gabe besaß, in zwei Sätzen glasklare Anweisungen zu geben. Diese Art der Kommunikation habe ich mir zu eigen gemacht und bin davon überzeugt, dass es besser nicht geht. Wie sehr wünschte ich mir auch hier Mitarbeiter, die in einem Satz das zu entscheidende Anliegen vortragen, mich mit den wesentlichen Informationen füttern und die folgende Entscheidung mit einem Nicken quittieren und abtraben. Aber nein, die Realität sah anders aus.

Der Teamleiter ist mittlerweile soweit, den Galgen aufzubauen. Baumel, Dumpfkuh, Baumel. Nur mit Mühe bringt er den noch relativ freundlichen Satz zustande:

„Schön. Dich hat also ein Kunde angerufen, der eine Frage zum Boxen und zur Formel-1 hat. Wie lautet nun konkret diese Anfrage?"

„Du, der Kunde meckert, weil er gestern Nacht Boxen geschaut hat und sich auch sehr für Rennsport interessieren tut. Aber die Chinesen (!) haben eine so doofe Zeit und der Kunde war heute Morgen sehr müde. Er sagt, dass wir mal unseren Einfluss geltend machen sollen, damit er zwischen zwei Großevents genügend Zeit zum Ausschlafen hat."

Schweigen.

[Der Kollegin wurde später noch mitgeteilt, dass der Große Preis von Japan nichts mit den Chinesen zu tun hat. Insofern ist das Call Center auch eine Bildungsinstitution.]

Fünf unwiederbringliche Minuten sind um. Wenn die Kollegin schon nicht die Sinnlosigkeit dieser Anfrage erkennt und davon ausgeht, dass die Telefonnummer von Bernie Ecclestone im Outlook steht – geht das nicht auch ein wenig schneller, präziser und effektiver?

Zwei Dinge können in so einer Situation nun passieren: Entweder steht der Teamleiter wortlos von seinem Platz auf und haut der dämlichen Kuh ohne Ankündigung mit der Faust mitten in das Gesicht, so dass sie mit dem Kopf auf den harten Billigteppich knallt und den Rest ihres Lebens ein Pflegefall ist – oder er erschießt sie standesrechtlich auf der Herrentoilette. Zu hart, meinen Sie? Vielleicht. Meine Bildung und meine Intelligenz rechtfertigen nur bedingt meine Arroganz gegenüber den „Nicht-so-Schlauen". Aber das ist mir egal. Ich kann mit Dummheit schwer umgehen und im Call Center kann ich ihr auch leider nicht ausweichen. Um noch mal auf die potentiellen Bestrafungswege zurückzukommen: Ich bevorzuge die zweite Variante – Wer will so was auch noch pflegen?

Um das Maß vollzumachen, zitiere ich einen weiteren, anerkannten Frauenfeind – Voltaire: „Die Frau ist ein menschliches Wesen, das sich anzieht, schwatzt und wieder auszieht." Ergänzt durch: Und mit den Titten das Leben meistert. Sensationell.

Abschließend betone ich ausdrücklich, dass es

1. Ausnahmen gibt, die intelligent, charmant und weitsichtig sind und nur auf einer kurzen Wegstrecke des Erwerbslebens

dem Zwang des Geldes die geistige Befriedigung eines ange-
messenen Aufgabenfeldes untergeordnet haben. Sie müssen
in einem Call Center arbeiten. Und

2. Ja, es gibt auch super viele braun-verbrannte, dusselige
und aufgepumpte männliche Vollpfosten im Call Center. Aber
das passt nicht zum Thema.

Sie sind wieder dran:

<u>Er</u>

☐ Like
☐ Dislike
☐ Unentschlossen

☐ Schon mal erlebt
☐ Kenne jemanden, der das kennt
☐ Noch nie in dieser Weise

Erinnert mich an _____

<u>Sie</u>

☐ Like
☐ Dislike
☐ Unentschlossen

☐ Schon mal genauso gemacht
☐ Kenne eine, die das gemacht hat
☐ Schwachsinn

Erinnert mich an _____

k3 – Testosteron?

Vor ungefähr 10 Jahren bemerkte eine Frau stilsicher, während ich sie cunnilinguierte, dass meine Haare auf der Kopfplatte dünner werden.

„Hey, da sieht man ja schon die Kopfhaut.“

Ich habe stundenlang versucht, diese Szene zu illustrieren. Zu viele Fehlversuche drängten mich in einen Spielzeugladen, um Barbie und Ken zu kaufen. Das leicht gestellte Foto war zu clean, also habe ich das Bild letztlich nachgemalt. So ist diese Darstellung des Geschehenen entstanden:

„Bitte?" fragte ich fassungslos, den Kopf leicht anhebend und ohne mich von Fleck zu bewegen.

„Na, in ein paar Jahren wirst du ein Platte haben. Das kann man jetzt schon erkennen" antwortete sie unschuldsbewusst.

Stellen Sie sich das vor: Die Dame nackt mit gespreizten Beinen auf dem Rücken liegend, unschuldig, mit großen Augen und dem „Ich-versteh-nicht-warum-du-aufgehört-hast-Blick", ich auf dem Bauch mit dem Kopf in ihrem Schoß, entgeistert mit einer gehörigen Portion Wut. Ehrlich – wie kann sie während des sexuellen Hochgenusses diesen Satz raushauen? Multitasking? Diese offensichtlich überproportional verbreitete Fähigkeit der Mädels ist in den meisten Lebenslagen wirklich hilfreich (auch für uns Männer). Aber doch nicht beim pre-koitalen Warm-Up?!

Das geht mir schon wegen zwei Dingen voll auf den Sack: Erstens genügt es nicht meinen Ansprüchen, dass ich mir die, im Grunde genommen, demütige Haltung beim Oralsex mit anderen „Gedanken" teilen muss und zweitens, dass ich nicht in der Lage bin, eine Frau so zu stimulieren, dass sie alles andere vergisst. Ja ja, ein Egoproblem. Na und? Wer kann sich denn davon freisprechen? Vielleicht resultieren diverse Egoprobleme diverser Männer ja genau aus so einer Situation?

Es gibt eine Etikette bei jedweder Form der Zweisamkeit. Vielleicht ist das nirgends fixiert und niemand hat das je ausgesprochen, aber es gibt sie. Wenn ich das mal kurz übernehmen darf:

Regel #1: Versuche möglichst nicht mit deinem Partner (oder sonst wem) zu schlafen, wenn dein Kopf blockiert ist und/oder du durch etwas anderes stark eingenommen bist. Er merkt es.

Regel #2: Sollte Regel #1 nicht zu befolgen sein, verkneife dir dusselige Kommentare.

So einfach ist das. Wer intelligenter ist als ein Toastbrot und das nicht befolgt, ist mit Sicherheit auch latent vorsätzlich bösartig. Ich werde eine Gesetzesvorlage für die nächste Novellierung des Strafgesetzbuches einbringen. Subsumiert wird die neue Straftat unter §185[6].

Ich erinnere mich an einen Werbespot des Hamburger Privatsenders Radio Hamburg, der in den frühen 90igern im Kino lief: Ein Mann mittleren Alters beim Besuch einer Dame aus dem horizontalen Gewerbe. Ein Doppelbett mit eisengrauen Gittern am Kopfende, die Frau auf dem Rücken und den Kopf sanft auf einem Kissen gebettet in Fernsehstellung (Kissen am Kopfende hochgelegt), der Kunde auf und in ihr, auf seine Arme gestützt. Er legt ordentlich los, alles wackelt (Bett, Bild an der Wand, sein Hintern und ihre Titten) und auch seine akustischen Laute zeugen von Spaß. Sie indes strickt und hört Radio. Tze! Unfassbar. Was bildet die sich ein?

Kommen wir zurück zu meinem Erlebnis. Auch wenn man dem Kunden oben eine gewisse „Scheiß-egal-Haltung" nachsagen kann aufgrund des Kunden-Dienstleister-Verhältnisses, so ist diese Situation projiziert auf mein damaliges Bett-

---

6   Exkurs §185 StGB: Beleidigung. Die Beleidigung wird mit Freiheitsstrafe bis zu einem Jahr oder mit Geldstrafe und, wenn die Beleidigung mittels einer Tätlichkeit begangen wird, mit Freiheitsstrafe bis zu zwei Jahren oder Geldstrafe bestraft.

häschen genau die Gleiche: Sie ist nicht bei der Sache und lässt es über sich ergehen. Und – das kommt jetzt hier noch on top – trifft mit ihrer Aussage bezüglich meines Haupthaares noch eine ganz empfindlich mentale Stelle. Wer wünscht sich schon eine Glatze? In Zukunft wird dieses Verhalten nach der finalen Ratifizierung durch den Bundesrat gem. §185a StGB bestraft. Dabei ergäbe sich natürlich das Problem der Beweislast, denn versteckte Aufzeichnungen ohne vorige Einwilligung des Aktpartners wären vor Gericht wirkungslos.

Stellen Sie sich vor, wie wohl die Damen der Schöpfung reagierten, wenn man ihnen beim Essen sagte: „Wie? Noch einen Teller? Dir passt die Hose doch jetzt schon kaum noch?" Die Hütte brennt. Tagelang. Wochenlanger Liebesentzug und unbändige, nicht enden wollende und hilflose Versuche des Mannes der Korrektur. Auch die sofortige Relativierung („Schatz, du weißt doch, dass ich deine weiblichen Rundungen liebe." oder „Schatz, deine sexuelle Schwungmasse ist die Basis meiner Erregung." oder „Schatz, wir wussten doch immer, dass wir uns verändern werden. Meine Liebe zu dir liegt in deinem Wesen begründet, nicht auf der Vergänglichkeit der Jugend.") helfen hier reichlich wenig. Jeder Mensch möchte für den Partner der Mittelpunkt der Welt sein. Zusätzlich (!) zu - most sexy, smartest and most beautiful.

Heidi, so hieß meine damalige Bekanntschaft, war sich ihres Fauxpas bewusst und, nicht dumm, versuchte sich auch sofort in Relativierungen.

„Das meine ich nur positiv. Ein lichtes Haupthaar zeugt von einem hohen Testosteronspiegel."

Ein Trost? Laut Brockhaus ist „Testosteron neben Androstendion das wichtigste männliche Geschlechtshormon, dass die Entwicklung und Funktion der Geschlechtsdrüsen und Geschlechtsorgane bestimmt." Sehr schön. Testis heißt Hoden (für den Fall, dass Sie mal bei Günter Jauch sitzen oder auf einer Party glänzen wollen). Also, - ein Trost? Keine Haare mehr auf dem Kopf, aber einen pausenlosen Ständer? Kopfkalt im Winter, aber an jedem Finger eine Wahnsinnsfrau? Polierte Platte, aber die sexuelle Ausstrahlung von George Clooney? Die Kollegen lachen über dich, während die Mädels ständig ihre feuchten Schlüpfer wechseln müssen? Auf der einen Seite bin ich der Klops, jedoch sind alle anderen Männer neidisch auf meine Promiskuität?

Mein Gott, nein!

Ich war auch mal 19 und dachte damals möglicherweise, dass die Anzahl der erlegten Tangas je Jagdeinheit eine Art der Definition ist und mich männlich macht. Auch wenn sich das evolutionäre Triebverhalten der Männer nicht unbedingt von dem der Tiere abhebt, so ist eine Glatze und ein hoher Testosteronspiegel vielleicht eher für Jugendliche interessant, die ihre Sexualität erst noch entdecken (Stay safe!). Das ist von der Natur nicht besonders klug eingerichtet.

Wie auch immer – ich will eine Frau und volles Haar.

Ob Heidis Aussage nun dumm oder einfach nur unbedacht war – das Thema war durch. Auch ihre Relativierungen halfen nicht. Ich weiß nicht mehr, wie es an diesem Abend weiterging. Fakt: Wir hatten nie mehr Kontakt. In keiner Form. Daran änderte auch ihr traumhafter Körper nichts.

Encore:

<u>Er</u>

☐ Like
☐ Dislike
☐ Unentschlossen

☐ Schon mal erlebt
☐ Kenne jemanden, der das kennt
☐ Noch nie in dieser Weise

Erinnert mich an _____

<u>Sie</u>

☐ Like
☐ Dislike
☐ Unentschlossen

☐ Schon mal genauso gemacht
☐ Kenne eine, die das gemacht hat
☐ Schwachsinn

Erinnert mich an _____

k4 – Die Birne im Bad

 So selbstverständlich, wie Frauen von mir als durchschnittlich modernem Mann verlangen zu kochen, erwarte ich auch von ihnen, Glühbirnen selbst in die Fassung einzudrehen.

Nur zu gern verläuft die durchschnittliche Kommunikation wegen einer defekten Glühbirne wie folgt ab:

„Schaaaaaaaaaatz, die Glühbirne im Bad geht nicht mehr."
„Ach echt? Seit wann?"
„Seit eben gerade. Wir müssen die mal auswechseln."

Kein Problem, das macht nichts. So normal, wie Michael Schuhmachers Silberpfeil wegen eines technischen Defekts von der einen auf die andere Sekunde den Geist aufgibt (Sie dürfen jetzt seufzen), so bewusst ist mir die Tatsache, dass jedes technische Gerät irgendwann seinen Lebenszyklus beendet hat.

Tage oder Wochen später eskalieren solche Vorfälle nicht selten:

„Schatz, die Glühbirne im Bad ist immer noch defekt! Wann machst du das endlich?"
„Ach, ich sollte das machen?"

Ich bekomme Plaque bei dieser Art des Informationsaustausches. In meinen Beziehungen hat es bisher keine Frau geschafft, eine defekte Glühbirne selbst auszuwechseln. Woran liegt das?

- Angst vor Strom? Den habe ich auch!
- Angst vor Dreck? Wir haben fließendes Wasser!

Das Gleiche gilt im Übrigen auch für Rasenmähen, ein Bild aufhängen und Öl bei unserem Familienkombi nachfüllen.

- Wenn ich das Bad putze, will ich, dass sie die Birne eindreht.
- Wenn ich Staub wische, will ich, dass sie die Fahrradkette selbst ölt.
- Wenn ich das Abendessen zubereite, will ich, dass sie Schrauben selbst nachzieht.
- Wenn ich das Kind wickle, will ich, dass sie den Wagen zum Reifenwechsel bringt.

Ist das zuviel verlangt? Ganz ehrlich: Männer stehen auf Mädels, die sich auch mal schmutzig machen. Definitiv. Warum schaue ich mir wohl Frauen beim Carwash oder Schlammcatchen an?

Aber es geht auch anders - Das oben Beschriebene bedeutet nämlich nicht, dass wir nicht gebraucht werden wollen. Ganz anders sähe das aus, wenn meine Freundin mich FRAGT, ob ich bitte die Glühbirne auswechseln könne. Die direkte Frage weckt den evolutionär entwickelten Beschützerinstinkt. Das wirklich Schlimme ist diese unverbindliche, indirekte und für Männer häufig unverständliche Kommunikation. Was uns Männern fehlt, ist die direkte und unmissverständliche Bitte, umgehend den existentiellen Missstand der fehlenden Spiegelbeleuchtung im Bad zu beheben. Das Bitten ist wichtig für uns, weil wir gerne unseren Frauen helfen, sich wohl, beschützt und verstanden zu fühlen.

Direkt Wahnsinn wäre es, wenn meine Partnerin ohne einen Ton von sich zu geben die Glühbirne auswechselt und kein einziges Wort darüber verliert. Das wird in den meisten Fällen deutlich zuviel verlangt sein. Genau von diesem Moment an jedoch werde ich wie selbstverständlich kochen, putzen und auch die Toilette reinigen. Vielleicht werde ich dann auch heiraten.

Der Tipp für potentielle Leserinnen: Es ist nicht die Tatsache, dass etwas kaputt geht. Es ist nicht die Tatsache, dass ihr euch noch immer wünscht, dass wir diese Art von Arbeiten machen. Es ist die Art und Weise der kommunikativen Übermittlung. Fragt uns direkt. Wir machen es gern. Emanzipation bedeutet zwar nicht, dass ihr die Wäsche macht und wir das Auto. Es bedeutet, dass Alle alles machen. Nur bei einer direkten Frage fallen wir Männer noch gern in das alte Schema zurück.

Neulich brach bei einer Flightpartnerin von mir am 14. Loch der Trolley zusammen. Anstatt mit klagender Stimme zu jauchzen, „Oh, nein. Jetzt muss ich mein schweres Bag die letzten Löcher tragen" und dabei bemitleidenswert auf meinen Trolley zu schielen mit der Erwartungshaltung, dass ich meinen Komfort für die letzten Löcher aufgebe, fragte sie: „Macht es dir etwas aus, dein Bag zu tragen und mir deinen Wagen zur geben?" Natürlich macht mir das nichts aus! Ich bin ein Mann. Ich bin stark. Ich helfe gern. Und ich erwähne das nur der Vollständigkeit halber: Meine Flightpartnerin war absolut nicht mein Typ.

Ergänzend sei noch angemerkt, dass unter anderem an dieser Art der unverbindlichen Kommunikation sehr sehr viele Beziehungen scheitern. Es ist aus irgendeinem Grund normal, dass Frauen häufiger in Beziehungen unglücklich sind als Männer. Warum das so ist, weiß ich nicht. Männer sind sehr wahrscheinlich deutlich kompromissbereiter oder ergeben sich leichter ihrem „Schicksal". Vielleicht. Ich tappte mehrmals absolut unvorbereitet in diese Falle und wäre wahrscheinlich immer noch mit meiner Sandkastenliebe zusammen, wenn ich das durchschaut hätte. Aber nein, die Damen sagen solche Sätze wie:

„Du, ich habe neulich mit meiner Freundin Bea geredet, du weißt doch, die, die diese Freundin in Düsseldorf hat, die immer in so Schickimicki-Lädchen einkauft, obwohl sie auch ihre zwei Kreditkarten meist überzogen hat und sich reiche Kerle anlacht, damit sie auf keinen Fall ihren Lebensstandard runterschrauben muss und sich erst kürzlich auf diesem Wochenendtrip in Cannes auf dieser Luxusyacht mit dem Cousin des Scheiches von Ich-was-nicht-wo in die Bredouille brachte, weil sie beim Pokern ihren BH trotz eines guten Blattes verloren hatte; naja, die Bea hat neulich gesagt, dass auch sie schon mal einen Freund hatte, der ihr erzählte, er habe eine Bekannte aus dem Fitnessclub, deren Freund hat sie so lange warten lassen mit dem Heiratsantrag und darüber hinaus auch die Arbeiten im Haushalt vernachlässigt, so dass sie irgendwann sowieso keine partnerschaftliche Zukunft mit ihm sah und mit dem Volkshochschullehrer durchbrannte. Das hat nicht lange gehalten, weil er 20 Jahre älter war als sie und …" usw. usw.

Wie soll ein normal intelligenter Mann aus diesem Wust und Schwall von Worten, Informationen und Bemerkungen die Kerninformationen herausfiltern? Männer schalten schon meistens nach dem Einstieg, „Du, ich hab neulich mit meiner Freundin Bea geredet …" aus. Klar, in dem Absatz kam „Arbeiten im Haushalt" und „partnerschaftliche Zukunft" und „Heiratsantrag" vor – aber das hört der Kerl schon längst nicht mehr. Und der Zusammenhang ist nicht erkennbar.

Gemeint haben sie aber:

„So nicht, mein Freund. Wenn du das nicht augenblicklich änderst, bin ich weg und du kannst dir deine Befriedigung demnächst in der Herbertstraße erkaufen." Das versteht jeder. Sei er noch so doof oder betrunken.

Wenn wir Männer uns darüber beschweren sollten, ist uns nicht mehr zu helfen. Beziehungen sind Arbeit und so unromantisch das auch klingt, so wahr ist es. Du willst eine glückliche Beziehung? Schraube deine Erwartungen herunter, sei kompromissbereiter und arbeite an der Kommunikation. Frauen reden über ihr Unglücklichsein deutlich häufiger als vor 50 Jahren. Vielleicht ist das auch eine Folge der Emanzipation.

Oh – die Waschmaschine piepst.

Ja, schon wieder:

Er

- ☐ Like
- ☐ Dislike
- ☐ Unentschlossen

- ☐ Schon mal erlebt
- ☐ Kenne jemanden, der das kennt
- ☐ Noch nie in dieser Weise

Erinnert mich an _____

Sie

- ☐ Like
- ☐ Dislike
- ☐ Unentschlossen

- ☐ Schon mal genauso gemacht
- ☐ Kenne eine, die das gemacht hat
- ☐ Schwachsinn

Erinnert mich an _____

k5 – Muschi Dani

(offener Brief an die Katze, Deutschland 2012)

Meine liebe Daniela Katzenberger,

dienstags war mein TV immer auf Vox programmiert, weil ich deine Art und Weise erfrischend finde. Ich habe keine Folge verpasst. Dienstags ist bei uns Kinotag, aber zum Glück habe ich einen Festplattenrekorder, der mir diverse Freiheiten schenkt. In dieser Auswanderersendung habe ich dich nie gesehen, aber deine Soap war fester Bestandteil meiner Festplattenrekorderprogrammierung. So habe ich zwar deinen Versuch, bei Hugh Hefner einzuziehen nicht mitbekommen, aber „Natürlich blond" als bisherigem Karrierehöhepunkt reichte mir durchaus, um Fan zu werden. Du redest, wie du es gerade denkst, Grammatik spielt keine Rolle, jeder versteht dich und wenn dir ein Mann gefällt, dann sagst du das auch ganz offen (vor der Kamera). Das sind Szenen, die die meisten Männer sehen wollen. Es liegt für uns nämlich völlig im Dunkeln, in welcher Form ihr untereinander über Männer redet. Insofern ist deine Show auch ein erstklassiger Lehrstoff, um Frauen vielleicht in Zukunft zumindest ansatzweise zu verstehen.

Das Einzige, was ich als konstruktive Kritik anbringen könnte – für meinen Geschmack bist du zu sehr geschminkt. Ich bin mir auch nicht sicher, ob ich dich den ganzen Tag ertragen könnte. Das hängt ganz wesentlich davon ab, ob du auch mal die Fresse halten kannst. Denn dann wäre es wie mit den Kindern anderer: Mal ganz nett und wirklich richtig toll, wenn man sie wieder abgeben kann.

Natürlich frage ich mich zwischendurch immer wieder, ob dein Aussehen dir den Weg zum Erfolg geebnet hat. Ich bin mir fast sicher, dass deine tiefen Dekolletés in einer männerbestimmten Medienwelt ab und zu dazu geführt haben, dass sich einige Türen zumindest einen Spalt weit öffneten. Das ist mir jedoch total egal, weil ich auf der anderen Seite deine – ich nenne es mal – Bescheidenheit bewundere. Du fährst Golf, lebst noch in deiner relativ kleinen Wohnung und lebst mehr oder weniger sparsam. Du verdienst dein Geld selbst und ergaunerst dir nicht mit deinen Möpsen das Geld geiler alter Säcke, die sich mir dir an ihrer Seite irgendwie schmücken wollen und sowieso nicht wissen, was sie mit ihrer Kohle noch machen sollen. Ich sehe hier einen klaren Unterschied zu den Typ Frauen, die hier in diesem Buch beschrieben meistens recht dumm aussehen.

Egal, du eine Schuhkollektionen auf den Markt bringst, mit deiner wirklich hirnverbrannten Mallorca-Freundin (Namen vergessen) um die Welt jettest oder ob du in deinem Café auf Malle nach dem Rechten siehst – alles, was du anfasst, wird scheinbar zu Gold. Das ist großartig. Gratulation. Ich kenne niemanden, der sich nicht insgeheim wünscht, mit seinem eigenen Scheiß in irgendeiner Weise seinen Lebensunterhalt zu bestreiten.

Laut einer Untersuchung des Institutes für zeitgemäße Insubordination wird die Nachwirkung des Produktes ein gewinnbringend reales Lustprinzip der interdisziplinär verifizierten Ergebnisoptimierung und impliziert endlich eine kongenial Ergebnisoptimierung im Ausgleich zur Retention der Falsifikation. Ups, das war dir zu komplex? Lustkomplex?

Männer mögen Frauen, die nicht alles bierernst nehmen und auch über sich selbst lachen können. Ja! Diese Frauen gibt es wirklich selten! Für den für mich unwahrscheinlichen Fall, dass dein trockener Humor in der Reality Soap nur gespielt wäre, wärst du eine hervorragende Schauspielerin. Ich gehe nicht davon aus, dass das Konzept der Sendung oder vielmehr deiner Charaktere auf diese Art und Weise ausgearbeitet ist. Ich gehe 100%ig davon aus, dass ich die Daniela Katzenberger sehe, die du auch wirklich bist.

Dabei entsprichst du mit deinem Äußerem im Grunde genommen genau den Mädels, die ich hier nur zu gern beschreibe. Doch alles andere zeugt von einem Menschen, der nur nicht verletzt werden und Spaß am Leben haben will. Dafür hast du dir ein extrem dickes Fell angeschafft. Kritik perlt an dir ab und du bietest keinerlei Angriffsfläche. Wie hast du das gemacht? Nur Menschen mit einem gesunden Selbstbewusstsein können derartig auftreten. Du musst dich wirklich toll finden. Dazu passt auch mein Lieblingsspruch von dir: „Ich bin nicht selbstverliebt. Ich sehe mich nur einfach gern."

Sogar bei Tamara Ecclestone stelle ich fest, dass sie nicht nur gut aussieht und extrem reich, sondern auch noch smart und charmant ist. Dabei verdient sie kaum eigenes Geld. Okay, die Sache liegt hier noch ein wenig anders; schließlich ist sie „nur" die Tochter eines Milliardärs. Haken dran.

Wer deine diversen Sendungen gesehen hat, wird sich bestimmt an folgende Sprüche erinnern:

„Mein Aussehen ist mein Kapital. Wenn ich heute ne Fritteuse ins Gesicht bekomme, dann isses vorbei."

Oder:

„Ich seh ja schon so aus – sagen wir mal – preiswert. Wobei die Grenze zu billig aus dünnem Eis besteht."

Oder:

„Ich werde nie einen Intelligenztest machen; so schlau bin ich auch."

Ganz hervorragend. Ich liebe Selbstironie. Ich bin beeindruckt.

Aufmerksamkeit ist die Währung unserer Zeit. Du bekommst die Aufmerksamkeit. Und du machst beharrlich und konsequent weiter. Du gehst deinen Weg. Verona Pooth Feldbusch fand ich immer absolut dämlich. Sie hat mich immer genervt. Der klare Unterschied zwischen euch beiden ist die Authentizität. Dir glaube ich jeden Satz; Verona nicht. Sie wirkte immer gestellt, ihr Charakter irgendwie erarbeitet und fremdgesteuert. Hinzu kommt ihre Stimme, die bei mir zeitweise sogar Kopfschmerzen verursachte. Und ich hab wirklich selten Kopfschmerzen. Dir zuzuhören ist dagegen ein Genuss. Ich habe immer ein Lächeln auf den Lippen, vergesse für 45 Minuten die Welt um mich herum und möchte dich manchmal wie einen Steiff-Teddy knuddeln.

Deine Werbung für Poco Domäne und Veronas für Kik ist richtig betrachtet gleich blöd. Aber aus irgendeinem Grund fällt mir dein Satz „Poco Domäne, die haben aber auch alles" ständig ein und ich finde es sogar lustig, ihn selbst immer wieder zu sagen! Meine Freundin nervt das schon hin und wieder, aber sie kommt damit klar. Meistens kann ich ihr damit zumindest ein kleines Lächeln abgewinnen ... „Kik ist besser als wie man denkt" ist dagegen ein absoluter Lusttöter. Nicht nur, weil das Deutsch grauenvoll und falsch ist.

Dein Deutsch ist auch nicht immer das Beste, aber bei Verona wird auf eine fatale Art und Weise und dann auch noch mit einer Tinnitus verursachenden Stimme suggeriert, dass gutes Deutsch nicht wichtig sei. Das geht mir richtig auf die Nerven. Unsere Sprache, und das trifft selbstverständlich auf jede Sprache auf der Welt zu, ist kultureller Ausdruck unseres Seins und Kommunikation untereinander. Bitte versprich mir, dass du niemals solche dusseligen Verona Deals annimmst, die dich zwingen, dein authentisches Ich zu unterminieren. Das soll jetzt aber nicht heißen, dass bei Verona die Möglichkeit besteht, sie sei intelligent.

Ich mag dich, Daniela. Ehrlich. Du hast das Herz am rechten Fleck, redest frei nach Schnauze und machst dir keinen Kopf, wie das aus deinem Mund kommende verstanden wird. Du bringst mich zu Lachen und sei versichert, dass ich nie der richtige Kater für dich wäre. Dennoch freue ich mich auf deine nächste Staffel. Und da bin ich bestimmt nicht der Einzige. Fast 1,4 Mio. „likes" bei Facebook sprechen eine eindeutige Sprache.

Erwartungsvolle Grüße von Ben.

Dieses Mal ein wenig anders:

Er

☐ Like

☐ Dislike

☐ Unentschlossen

☐ Regelmäßigerdauerzuschauer

☐ Ich schaue nur die N3 Talkshow

☐ Wenn ich könnte, würde ich ...

Dani erinnert mich an _____

Sie

☐ Like

☐ Dislike

☐ Unentschlossen

☐ Wäre sie bloß in Heffners Haus gekommen

☐ Plastik gehört recycled

☐ Selbst ist die Frau

Dani erinnert mich an _____

k6 – Ein Birdie ist kein kleiner Vogel

(Deutschland 2011)

Ich bin sicher, wer erwartet hat, dass in jedem Kapitel Torte X den Job bekommt, weil sie ihre Möpse zeigt oder Torte Y bei der Auswahl der Preise eines Beauty-Contests mit wackelndem Vorbau bevorzugt wird oder Torte Z morgens bis 11:00h schlafen kann, weil ihre Titten ihr Einkommen sind, wird enttäuscht sein. Das Prinzip „Tittenbonus" ist jedem klar. In diesem Buch geht es um Erlebtes aus 43 Jahren. Erzählungen aus dem Leben. Immer mit einer Brise Möpse. Und ohne roten Faden wie bei einem Bestsellerroman.

So auch diese lustige Anekdote, gewinnbringend eingebracht von einer herrlichen Brünetten mit Weltklassetitten:

Golf spielen ist nicht jedermanns Sache. Ich habe meine Platzreife erst im Mai 2011 gemacht und spiele eher gern als gut. Auf dem Platz treffen sich Leute, die zwar Geld haben, aber die Intelligenz morgens gern auf dem Schlafzimmertisch liegen lassen, weil sie vergessen haben, dass sie da liegt. Wenn man auf eine Golfrunde geht, kommt es von Zeit zu Zeit immer mal wieder vor, dass Freunde, Chicks oder Bekannte des Spielers mitgehen. Ein schöner Spaziergang, gern zwischen 6 und 8 Kilometer, viel frische Luft und ästhetische Bewegungen.

Bei einem Turnier an irgendeinem schönen Sonntag begab ich mich nach dem Warmspielen auf der Range zum 1. Abschlag. Schon von weitem konnte ich mehrere Menschen am

Starterhäuschen sehen. Dieser Moment ist immer spannend. So aufregend spannend: Mit wem spiele ich zusammen? Bin ich mit meinem Handicap der Schlechteste? Kann ich etwas lernen? Es ist erstaunlich, wie ich manchmal nach 18 Löchern das Gefühl habe, einen Menschen wirklich gut kennengelernt zu haben. Klar gibt es auch die Pfosten, die nur von ihren tollsten Schlägen erzählen, sehr schlaue Tipps geben und mehr oder weniger unfehlbar sind. Am schönsten sind immer die Ausreden und Erklärungsversuche, warum der Schlag jetzt gerade im Wasserhindernis landete oder auch nach dem 3. Versuch der Ball immer noch im Bunker liegt. Zum Glück kann ich entweder abschalten oder mich auf das gleiche Niveau begeben. Gemerkt hat das noch keiner. Anpassung hat aber auch eine besondere Nebenwirkung: Diese Menschen schlagen dann gern auf dem 18. Grün nach dem Einlochen und Hände schütteln vor, „mal die Telefonnummern auszutauschen, um wieder miteinander zu spielen", Ich muss/kann darauf unglaublich glaubhaft erwidern: „Tolle Idee. Machen wir gleich. Ich muss nur kurz pissen wie ein Stier." Frauen kommen danach nicht noch mal auf die Idee zu fragen. Bei Männern muss ich einfach versuchen, ihnen nicht mehr zu begegnen.

An diesem schon erwähnten Sonntag spielte ich mit 2 Männern in der selben Gruppe: Frank und Hartmut. Frank wirkte wie ein verklemmter Anwalt mit Fachrichtung Arbeitsrecht. Logisch – Polohemd von Fred Perry, karierte Hose und Brille. Sympathisch. Bei Hartmut hingegen wusste ich sofort, dass er kompensieren musste: Mehr als 100 KG Gewicht, weniger als 170 cm Länge, Porsche Tasche, Goldringe, Sonnenbrille und den Autoschlüssel sichtbar in der Hosentasche positioniert. Er stellte sich vor mit den Worten: „Ich bin Hartmut, erfolgreicher Unternehmer aus Hamburg." Ein kleiner, dicker

Millionär. „Und das ist eine Freundin von mir."

„Hallo, ich bin Monika." piepste sie mit einem Kichern. Hotpants, pinkes Shirt, rote Lippen und toupierte Haare inklusive Verlängerung. Alles klar. Ihr Alter konnte ich nicht schätzen. Zwischen 18 und 30 war alles drin. Dass diese Weiber einfach nicht verstehen, dass drei Mal die Woche Solarium die Haut extrem altern lässt, will mir einfach nicht in den Kopf. Für mich sah sie aus wie ein Grillhähnchen, dass schon zu lange auf der Stange gedreht wurde. Wäre sie tatsächlich ein Hähnchen, äße ich sie nicht mal mehr! Zu verbrannt das Ganze. Abgesehen von der ungesunden Hautfarbe konnte sie allerdings mit einem wirklich hinreissendem Körper punkten. Aufgrund meiner eigenen Fitnesserfahrungen kann ich sagen, dass sie mindestens 15 Stunden die Woche schwitzt und ackert. Und das über Jahre. Glückwunsch. Das ist Zielstrebigkeit.

Und los geht's. Hartmut mit dem besten Handicap schlägt als Erstes. Unter seinem Pullover kommt schließlich auch noch das Porsche Polo zum Vorschein. Wenn er schon wie ein kleiner, dicker Lada daherkommt, muss er wenigstens ein Porsche Polohemd tragen. Is klar. Der erste Abschlag gelingt uns allen und wir gehen frohen Mutes und mit dem notwendigen Ehrgeiz auf die Runde.

Im Verlauf des Spiels pflückt Monika Blümchen, klatscht jauchzend in die Hände bei einem gelungenen Schlag von Hartmut und kommentiert auch mal mit einem Stöhnerchen nicht so gelungene Versuche ihres Gönners. Wie niedlich. Der unterdessen wird nicht müde, von tollen Schlägen und Plätzen rund um die Welt zu erzählen. Wir sind noch noch ganz fertig mir den ersten neun Löchern, als ich mich genötigt fühle, mit einem vergangenen Erfolg an Loch 7 aufzuwarten.

„Hier habe ich vor kurzem einen Birdie geschossen."

„Du Schwein." kreischt Monika unvermittelt mit einem stark vibrierenden Busen hervor und verliert auf einen Schlag ihre aufgesetzte gute Erziehung. „Du kannst doch keinen kleinen Piepmatz umbringen! Was bist denn du für ein Mensch?"

Dabei will sie mir offensichtlich eine knallen, aber ich kann noch rechtzeitig zurückweichen.

Nach der ersten Schrecksekunde breche ich in tiefes und ehrliches Lachen aus und sogar Frank vergisst seine bisherige höfliche Zurückhaltung. Hammer. Natürlich klärt Hartmut sie beruhigend auf und versichert offensichtlich glaubhaft, dass ich kein Leben ausgelöscht habe, denn die Röte weicht ihr aus dem Gesicht und auch die Klangfarbe ihrer Stimme normalisiert sich auf den ursprüngliche Nerv-Level. Monika ist das anscheinend nicht unangenehm. Ich bin sicher, dass sie die Erklärung „Par" und „Vorgabe" nicht verstanden hat, aber sie ist sich zumindest sicher, dass ich kein Killer kleiner Vögel bin. Franks und meine Heiterkeit kennen indes keine Grenzen.

Nur Hartmut, der kleine dicke Millionär, sieht sich nicht in der Lage, mit in allgemeine Hochstimmung zu verfallen. Er ist leicht rot. Große Klappe plötzlich stumm. Peinlich, ja. Dafür gibt es wohl kein besseres Wort. Ich habe danach noch herzlicher gelacht. Hauptsache sie hat tolle Titten, gell Hartmut?

Doch das tollste Mädchen, das ich jemals auf einer Runde

getroffen habe, war Barbara. Schlank, sexy und Mitte 30, Handicap 36. Ihr Outfit und Equipment edel und erlesen und mehr wert als mein Kraftfahrzeug. Eigenen Erzählungen zufolge schafft sie es nie, nach Stableford ihr Handicap zu bestätigen. Auf dem Platz sah ich warum. Kein Schlag ging weiter als 30 und höher als 3 Meter. Nur das generelle Frauenphänomen war auch bei ihr zu beobachten – jeder (!) Schlag war immer gerade.

Es gab für mich nur eine logische Erklärung, wie diese Frau sich nach Erhalt der Platzreife von 54 auf 36 gespielt haben konnte: Sie muss im Büro des Vorsitzenden des Deutschen Golf Verbandes unter dessen Tisch gekrochen sein. Anders ist das rein rechnerisch nicht zu leisten. Als wir das 18. Loch beendet haben (Par 4, sie spielte eine 7, also 0 Punkte nach Stableford), lief sie quiekend und hopsend auf den HeadPro zu. Naja, so geht es also auch. Wie hat sie wohl gelernt, was ein Birdie ist?

Egal, Hauptsache sie spielt Golf.

Back to normal:

<u>Er</u>

☐ Like
☐ Dislike
☐ Unentschlossen

☐ Schon mal erlebt
☐ Kenne jemanden, der das kennt
☐ Noch nie in dieser Weise

Erinnert mich an _____

<u>Sie</u>

☐ Like
☐ Dislike
☐ Unentschlossen

☐ Schon mal genauso gemacht
☐ Kenne eine, die das gemacht hat
☐ Schwachsinn

Erinnert mich an _____

k7 – Der P-Faktor

(Deutschland 2000-2011)

Das Wort „Promiskuität" habe ich von meinem Dad gelernt. Ich bin mir bis heute nicht sicher, warum er das kannte. In meiner juvenilen Naivität gehe ich davon aus, dass er einfach sehr belesen und schlau war. In meinem Leben gab es eine Phase, auf die ich durchaus nicht stolz sein sollte: Das Call Center Leben. Ein Spielwiese für jugendliche Schwerenöter; weiblich und männlich. Mehr als 500 Menschen in einem Gebäude mit einem Durchschnittsalter von 29 Jahren. Ein El Dorado.

Unter den Führungskräften führte ich ein Masse-statt-Klasse-Abzeichen ein, das sich „P-Faktor" (Promiskuitäts-Faktor) nannte. Wie es letztlich dazu kam, weiß ich nicht mehr. Jedoch bin ich sicher, dass der Scheiß auf meinem Mist gewachsen ist. Ein Faktor „P7" bedeutete zum Beispiel, dass der- oder diejenige mit 7 verschiedenen Mitarbeitern nicht näher benannten, aber körperlichen Kontakt hatte. Niemand hat wirklich je seinen tatsächlichen P-Faktor genannt. Es war viel mehr ein häufiger Running-Gag auf der höchsten Managementebene im Unternehmen, um zwischen Zahlen, Problemlösungen und Tagesgeschäft auch mal über was anderes zu reden. Auf der Leitungsebene gab es meines Wissens keine horizontalen P-Kontakte, die zu einer Erhöhung des Faktors beigetragen hätte. Es waren immer vertikalen Affären.

Ich werde in diesem Kapitel natürlich nicht meinen tatsächlichen Faktor preisgeben. Das bleibt mein Geheimnis. Alle Namen sind zudem verändert. Vielmehr werde ich versuchen zu ergründen, warum sich die Frauen mit mir einließen, denn das konnte ich nicht immer verstehen. Möglicherweise zog meine Position im Unternehmen die Mädels an. Vielleicht dachten sie, dass ich etwas für sie tun kann. Tatsächlich ist es auch möglich, dass ich „einfach leicht zu haben" war. Wenn man bei einem Mann viele verschiedene Kontakte nachvollzieht, denken andere vielleicht, dass das ein cooler Typ ist, weil er viele Frauen abschleppt. Durchaus denkbar ist jedoch auch, dass dieser Typ einfach nur eine Schlampe ist.

Meinem eigenen Schutz zuliebe denke ich, dass wir einfach Spaß hatten in der Zeit. Ohne Reue, ohne Verpflichtungen, ohne Folgen. Jeder mag Sex. Ich auch. Nur das mit den Folgen ist dabei immer so eine Sache. Ich kann zwar mit voller Überzeugung sagen, dass sich eine P-Faktor-Partnerin nie irgendeinen beruflichen Vorteil verschaffen konnte. Jedenfalls möchte ich das glauben. Mit 100% Sicherheit kann ich das allerdings nicht nachvollziehen. Es ist durchaus denkbar, dass ich nicht alles mitbekommen habe, was nach dem Kontakt passierte. Außerhalb meiner Abteilung war ich nur selten zum Beispiel in HR-Entscheidungen einbezogen.

Hätte ein Mädchen einen Vorteil von dem Beischlaf mit dem Vorgesetzten, wäre das ein einfaches Tauschgeschäft. Vorausgesetzt, sie hätte keinen Spaß daran. Hätte sie keinen Vorteil und auch keinen Spaß, kommt das Ausnutzen oder Missbrauchen von Schutzbefohlenen in Betracht. Die „beste" Variante ist Spaß und kein Vorteil. Bei der verbleibenden Möglichkeit – Spaß und Vorteil – bin ich folglich nur benutzt worden. Wenn SIE Vorteil und keinen Spaß hat, ICH Spaß und keinen Vorteil habe, => steht es dann 1:1 oder hat sie mich beruflich ausgenutzt und ich sie privat? Wenn SIE Vorteil und Spaß hat, ICH Spaß und Vorteil => Gibt es das überhaupt? Ach, das ist zu kompliziert.

Eine Handvoll Kollegen aus der Leitungsebene hielten sich aus diesem Wettbewerb diskret zurück. Das hatte vor allem zwei Gründe: Sie waren verheiratet oder hässlich. Gänzlich unattraktiv. So groß der Vorteil auch sein könnte, an so was wollte keiner ran.

Im Call Center läuft sehr viel Kommunikation via eMail. In dieser Firma war nur den Führungskräften gestattet, mit allen Mitarbeitern zu kommunizieren. Ein horizontales Anschreiben (also die Mitarbeiter untereinander) war nicht möglich. Viele eBrief-Freundschaften und die daraus entstandenen Folgen gingen von mir aus. Letztendlich lief alles nach dem selben Schema ab.

Als Teamleiter oder später als Abteilungsleiter war ich auch Ansprechpartner für fachlich anspruchsvollere Lösungen oder berechtigungsabhängige Entscheidungen. Das bedeutet, dass die Mitarbeiter immer auch direkten, persönlichen Kontakt aufnehmen mussten. Darüber hinaus hatte ich als Führungskraft natürlich auch das Recht, die Arbeit der Kolleginnen direkt an ihrem Arbeitsplatz zu kontrollieren. Insofern war es an jedem Anfang sehr leicht, über ein freundliches Wort, eine motivierendes Lob oder auch über respektvoll vorgetragene Kritik mir einen Namen zu machen. Danach konnte ich gezielt mit eMails vorgehen.

Schritt 1: Die „fachliche Mail"
Ganz leicht. War die Kollegin mit einem Fall bei mir oder ha-

ben wir im Rahmen eines Coachings o.Ä. ein Kundenanliegen besprochen, sind Rückrufe zur endgültigen Klärung mit dem Kunden keine Seltenheit. Zu einem späteren Zeitpunkt frage ich dann kurz, prägnant und ohne jedes private Wort, wie der Kunde das Angebot/den Rückruf/etc. aufgenommen hat. Sie antwortet in jedem Fall.

Schritt 2: Der „fachliche Rückruf"

Tage später trete ich beispielsweise mit einem Kundenanliegen elektronisch an die Frau heran mit der Bitte um einen Rückruf zur endgültigen Klärung. Das hat zwei Effekte: 1. Er hat an mich gedacht (bei 500 Kollegen ist jeder froh, an den man sich in der Masse erinnert) und 2. Er traut es mir zu. Der abschließende Satz in der Auftragsmail „Bitte lass mich nachher wissen, wie du den Fall abgeschlossen hast" ist zwar eine direkte Arbeitsanweisung, aber ich weiß, dass sie letztlich auch gern antwortet und den Abschluss meldet.

Schritt 3: Die „Feierabend-Mail"

Natürlich hat man als Führungskraft Zugriff auf die Personaleinsatzplanung, d.h., ich finde heraus, wann sie am heutigen Tag Feierabend hat. Für den Fall, dass ich früher nach Hause gehe, kommt diese Mail zum Einsatz. Kurz und ohne persönliche Emotionen, aber schon mit einem Smiley versehen, schreibe ich: „Ich bin jetzt raus. Wenn du es um 19:00h dann geschafft hast, wünsche ich dir einen schönen Feierabend. Bis dahin stehen dir bei fachlichen Herausforderungen meine kompetenten Kollegen zur Seite." Wenn sie es bisher noch nicht spürte; jetzt weiß sie, dass ich an ihr interessiert bin. Warum sollte ich sonst nach ihren Arbeitszeiten schauen?

Zwischenbemerkung: Es ist jawohl klar, dass die Sympathien/Attraktivität auf beiden Seiten vorhanden sein muss. In dem vorgestellten „Schema" ist gegenseitige Anziehungskraft, ein gesundes Maß an Schüchternheit und Geduld gefragt. Für ein privates Treffen reicht dieses Manual definitiv.

Schritt 4: Die gepimpte „Guten-Morgen-Mail"
Ich finde einen Tag heraus, an dem sie deutlich früher als ich anfängt. Am Tag zuvor erstelle ich eine Mail und finde heraus, was ich einstellen muss, damit das Mail-System die Nachricht erst am nächsten Tag zu ihrem Arbeitsbeginn zustellt. Das Ergebnis ist in jedem Fall ein Lächeln auf ihren Lippen und eine Antwort in meinem Posteingang, wenn ich in meinem Büro den Rechner anmache.

Ab diesem Zeitpunkt sind die Weichen so weit gestellt, dass sie sich auf einen Kaffee, einen Burger oder einen Spaziergang einlässt. Danach liegt alles im Bereich des Möglichen. Ich hatte in den 11 Jahren alles. Wirklich alles. Im Auto, vor Dienstbeginn, nach Feierabend, auf der Wiese, in einer dunklen Ecke des Parkplatzes, bei ihr, bei mir, im Büro, auf der Toilette, im Raucherraum, auf der Weihnachtsfeier, neben dem Sommerfest. Ich wollte es immer im Konferenzraum neben dem Büro der Chefin treiben; dieser Traum ist einer geblieben.

Ich konnte mich im Verlaufe des „elektronischen Kennenlernens" so gut wie immer darauf verlassen, dass meine Mail-Partnerin den Kontakt diskret behandelte. Ich behaupte sogar, dass sie sich immer geschmeichelt fühlten, wenn ich an sie gedacht und geschrieben habe. Dabei ist es mir nur einmal so ergangen, dass ein Objekt der Begierde den Kontakt zu mir harsch abbrach, weil sie von einer anderen Kollegin erfahren hatte, dass ich auch ihr schreibe. Das ist das Risiko.

Egal, ob daraus längere Beziehungen oder nur mittelfristige Beiwohnungen entstanden sind; - die Art des Vorgehens war immer gleich.

In der heißesten Phase meines Schaffens in diesem Unternehmen schrieb ich mit 4 Mädels gleichzeitig. Dabei ging es um Alltägliches, um Beziehungen, um Berufliches und um Lästereien. Wie ich „daneben" meine Arbeit geschafft habe, kann ich heute gar nicht mehr genau sagen. Fakt ist, dass du natürlich ein hervorragendes Team brauchst, was außergewöhnliche Softskills voraussetzt. Und die Kontakte waren hinreissend: Giselle, die mir gern Fotos von ihrem rasierten Schritt in den Pausen schickte; Anna, die sich so gern schon vor der Arbeit auf einem Parkplatz für einen Quickie mit mir traf; Tamina, die sich in meinem Büro gern neben mich setzte und ihre Hand unter dem Tisch in meine Hose stecke und Stephanie, die mit mir auch gern Essen ging und die ganze Nacht bei mir blieb.

Das habe ich nicht lange durchgehalten. Es war einfach zu viel. Aber es hat funktioniert. Ich kann mit einigem Abstand betrachtet nicht sagen, dass ich darauf stolz bin. Aber es war eine wahnsinnig aufregende und fesselnde Zeit. Ich bin froh, dass erlebt zu haben. Nicht mehr, aber auch nicht weniger. Und ich bin 100% sicher, dass ich das P-Ranking in dieser Zeit mit großem Abstand angeführt habe.

Die Frage nach dem „Warum haben sich die Frauen mit mir eingelassen?" ist mir nach reiflichen Überlegungen nicht mehr wichtig. Wir haben es getan. Und das war gut so.

Mal ehrlich:

<u>Er</u>

☐ Like
☐ Dislike
☐ Unentschlossen

☐ Schon mal erlebt
☐ Kenne jemanden, der das so macht
☐ Mein P-Faktor ist sowieso höher als Bens

Erinnert mich an _____

<u>Sie</u>

☐ Like
☐ Dislike
☐ Unentschlossen

☐ Schon mal drauf reingefallen
☐ Kenne solche Schlampen
☐ Jeder wie er mag

Erinnert mich an _____

k8 – Ich nehme den Apfelpo

(Deutschland 2009)

Wäre ich Unternehmer und der wirtschaftliche Erfolg des Geschäftes direkt vom visuellen Kundenkontakt mit meinen Mitarbeitern abhängig, würde ich nur Traumfrauen einstellen.

Eine Szene wie im Film: Ich komme morgens in eine mir bisher unbekannte Bäckerei. Als ich an der Reihe bin, weiß ich noch nicht genau, was ich kaufen möchte. Ich beuge mich runter und schaue in die Auslage, die bildhübsche Verkäuferin dreht mir solange den Rücken zu und macht irgendetwas anderes. Mein Blick fällt unvermittelt auf ihren traumhaften Hintern, der sich perfekt und wundervoll unter dem Verkaufskittel abzeichnet. Ich liebe durchsichtige Tresen. Ich denke, dass mein Unterbewusstsein schon mit der Vorgabe in den Laden kam, eine Apfeltasche zu kaufen. Völlig abwesend höre ich im Raum die Frage, ob ich mich entschieden hätte.

Ich höre mich sagen: „Ich nehme den Apfelpo". Leicht peinlich. Stille.

Meinem fotografischen Erinnerungsvermögen zufolge und ohne Röntgenbrille sah der Po ohne Verkaufskittel ungefähr so aus:

71

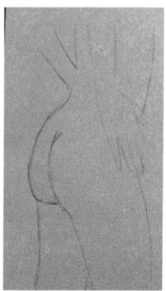

Wer würde da nicht auch einkaufen wollen?

Warum ich nur Frauen einstellen würde? Weil Männer auf die nativen Verkaufsargumente der Frauen am besten und immer wieder reinfallen. Ich auch.

So gewinnt man Stammkundschaft. Der Bäcker hat seine Hausaufgaben gemacht.

Ihre Meinung:

<u>Er</u>

☐ Like
☐ Dislike
☐ Unentschlossen

☐ Schon mal erlebt
☐ Kenne jemanden, der das kennt
☐ So wurde ich auch zum Stammkunden

Erinnert mich an _____

<u>Sie</u>

☐ Like
☐ Dislike
☐ Unentschlossen

☐ Schon mal genauso Stammkunden gewonnen
☐ Kenne eine, die das gemacht hat
☐ Ich trage manchmal keine Unterwäsche

Erinnert mich an _____

k9 – Wasserfälle auf den Malediven

(Deutschland 2012)

Wer in Geographie aufgepasst hat weiß, dass die höchste Erhebung auf den Malediven 2,4m über N.N. ist und es keinen Wasserfall auf den Inseln geben kann, der die Bezeichnung Wasserfall auch verdient, ohne den Niagarafällen zu nahe zu treten. Insofern geht es richtigerweise hier um ein Naturbeispiel der ganz besonderen Art: Die Torte, die weint, damit sie das bekommt, was sie will. In diesem Fall: Dardana, DSDS Kandidatin 2012 bei Recall auf den Malediven.

Der Clip fängt mit ihren Worten an:

„Ich finde es irgendwie süß, dass die Jury halt so viel Hoffnung in mir hat" und in mir regt sich die erste Aggression. 19 Jahre alt und nicht stolperfrei einen Satz zustande bekommen. Objektlv ein hübsches Mädel, und das obwohl ihre Augenbrauen aussehen wie die eines 110-jährigen Einsiedlers, aber auch der Gesang des Songs „Unfaithful" von Rihanna, den sie in Erinnerung an ihren Ex-Freund singt (er hat sie betrogen), führt nur zu Schmerzen in den Fußnägeln und das Fremdschämen beginnt unaufhaltsam.

Sie sagt noch „Ich glaube, ich kann's nicht. Ich habe mich aufgegeben" und wegen des toll gelungenes Satzbaus beruhige ich mich kurzfristig. Aber dann fängt sie am Ende des Songs an zu weinen, „bricht zusammen" und hockt kauernd und schluchzend im Sand vor der Jury. Das Video gibt es bei YouTube.

Dieter Bohlen will anscheinend nicht gleich draufhauen und beendet das Vorsingen diplomatisch mit den Worte: „Okay, vielen Dank."

Ich kann mich unterdessen kaum noch zurückhalten. Die Halsschlagader schwillt an und mein systolischer Wert erreicht die 170. Diese kleine Schlampe kann sich nicht mal die Augenbrauen zupfen und ihr Outfit sieht aus wie von Pimkie. Dazu: Schlecht gesungen, schlechte Performance, last exit: Heulattacke. Das nahe Aus und mit einer (unglaublich und unerwartet guten) Selbsteinschätzung vor Augen versucht sie, mit Klein-Mädchen-Charme und wackelnden Brüsten die nächste Runde zu erreichen. Ich bin krass angenervt.

Das Credo, das ich seit Jahren mit einem Wahrheitsgehalt von 100% zwar nicht propagiere, aber als Gegeben hinnehme, lautet „In dieser Welt dreht sich alles um Sex und Geld" (Reihenfolge egal). Alles in unserem Leben lässt sich auf diese Formel reduzieren. Alles.

Du arbeitest, weil du Geld brauchst. Du liebst deinen Partner, weil du geliebt werden möchtest und Sex magst. Du lässt dich erniedrigen, weil du Geld brauchst (manchmal auch wegen Sex). Du kaufst dir einen neuen Anzug, weil du die Beförderung brauchst, um mehr Geld zu verdienen. Du schreibst Bücher, weil du auf Ruhm und Geld scharf bist. Du schuftest 60 Stunden die Woche als Selbständiger, um deine Rechnungen zahlen zu können. Du machst einer Fremden in der Bar Komplimente, weil du sie gern flach legen möchtest. Bei einer guten Freundin machst du das selbe. Die Fremde lässt sich von dir vernaschen, weil sie denkt, du könntest sie und ihre Kinder später ernähren. Wenn sie das nicht denkt, will sie „nur" Sex. Du kaufst dir schicke Klamotten, weil du zum Anbeißen aussehen möchtest. Um die Kleidung einkaufen zu können, gehst du arbeiten und verdienst Geld. Über dieses Thema würde ich sogar eine soziologische Diskussion führen wollen (ganz im Gegensatz zu der potentiellen Diskussion „Mann will Sperma möglichst großräumig verteilen und Frau sucht Mann, der ihren Nachwuchs ernährt und beschützt" in k1). Du trinkst über die Maße Alkohol, weil du deine Hemmungen verlieren und dich gehen lassen willst. Wenn du traurig bist, trinkst du, weil du verlassen wurdest oder im Leben bisher noch nicht erfolgreich bist. Wenn du verlassen wurdest, hast du erstmal keinen Sex mehr. Wenn du nicht erfolgreich bist, hast du kein Geld. Du trainierst deinen Körper in unzähligen Workouts, weil du sexy sein willst. Ab 30 kämpft man leider nur noch gegen den körperlichen Verfall. Und so weiter. Und so weiter.

Geld brauche ich zum Leben und Sex für den Fortbestand meiner selbst. Aus diesem Grund dreht sich die Welt auch nur darum.

„Es tut mir leid, Dardana. Für dich hat es heute leider nicht gereicht", sagt DB.

„JA! JA!" (sehr laut) Geballte Faust, Siegerblick, breitbeinig, auf der Couch, Chips fallen aus dem Mund (und das trotz Rückenproblemen).

Meine Freundin neben mir zuckt zusammen und schaut mich verdutzt an. Es ist mir egal, dass das Bier auf den Teppich läuft und ich mit fettigen Chips-Fingern mein Shirt einschmiere. Ich stehe auf der Couch und fühle mich wie damals, als der HSV gegen Juventus Turin in der 82. Minute das 4:3 macht. Es hat nicht für dich gereicht. Nänänänä nänänänä. Deine Möpse haben dein mangelndes Talent nicht kompensiert. Ha! Geh nach Hause. Tze. Harhar!

Später dachte ich noch mal darüber nach, ob ihre Brüste vielleicht einfach nur nicht groß genug waren. Schließlich mochte der Bohlen auch mal Naddel und Verona. Sollte sich vielleicht ausgerechnet bei Dieter die Welt nicht um Sex und Geld drehen? Ach, egal.

Die Torte, die weint, damit sie das bekommt, was sie will, muss nach Hause fliegen. Ein großer Moment im deutschen TV und ein Sieg für echtes Talent.

Und jetzt Sie:

<u>Er</u>

☐ Like
☐ Dislike
☐ Unentschlossen

☐ Schon mal erlebt
☐ Kenne jemanden, der das kennt
☐ DB ist ein Held

Erinnert mich an _____

<u>Sie</u>

☐ Like
☐ Dislike
☐ Unentschlossen

☐ Schon mal genauso gemacht
☐ Kenne eine, die das gemacht hat
☐ Schwachsinn

Erinnert mich an _____

k10 – Ohne Fleiß keinen Preis

Seit Jahren schaffe ich Tag um Tag in derselben Firma. Ich liege zwar deutlich über der vom Staat definierten Armutsgrenze, und dennoch entspricht mein Bezahlung weder meinem Alter noch meiner Ausbildung oder meiner Berufserfahrung, so dass sich latent immer eine gewisse Unzufriedenheit hält. Vor langer Zeit hat mit ein älterer Herr einmal gesagt, dass die Arbeit nicht nur erträglich, sondern auch einträglich sein muss. In jedem anderen Fall kommt es irgendwann zu einem Bruch. Der Wunsch, sich zu verändern, wächst stetig, bis er irgendwann so groß ist, dass nur ein einziges, isoliert betrachtet vielleicht sogar nicht so bedeutendes, On-Top-Problem zum größten anzunehmenden Unfall (GAU) führt.

In meinem Fall waren es zwei 80C-On-Top-Probleme. Wunderschöne Probleme, die mich zur Raserei und schließlich zur Kündigung brachten.

Frauen als Chef in mittelständischen Unternehmen mussten laut mehrerer, unabhängig voneinander erhobenen Evaluationen bis zu 35% mehr arbeiten als vergleichbar gebildete und erfahrene männliche Kollegen, um den gleichen beruflichen Erfolg zu erzielen. So kann es sein, dass genau diese Chefin bei der Vergabe von Projekten und Beförderungen ihren Geschlechtsgenossinnen bevorzugt, weil sie weiß, wie hart es sonst wäre, die Karriereleiter nach oben zu fallen. Also entgegen der stereotypen Situation, dass ein älterer, sabbernder Chef mit Blick auf eine Vakanz die Titten neben dir befördert, stand ich hier vor der nächsthöheren Tittenbonusstufe: Eine Frau befördert eine Frau, nicht wegen ihrer Körbchengröße, sondern aus Solidarität. Tittenbonus im Quadrat. Hammer.

Exkurs: Die Diskussion einer staatlich verordneten Frauenquote auf der Managementebene deutscher Unternehmen ist lächerlich. Frauen können selbstverständlich bei gleicher Qualifizierung gleiche Arbeit verrichten und auch gleich bezahlt werden. Das steht völlig außer Frage. Warum das bisher nicht ausreichend klappt, hat meines Erachtens zwei Gründe: Die evolutionäre Vergangenheit und die Kohorte Frauen, die ihre Titten in die Kamera halten. Die kann man ja nicht ernst nehmen. Die Frauen, die aufgrund ihrer Intelligenz und ihrer Bildung nach höheren Aufgaben streben, wollen mit Sicherheit ihre Ziele nicht aufgrund ihrer Möpse erreichen.

Zurück zu mir: Ohne Fleiß keinen Preis. Klar. Ich streite nicht ab, dass sich meine 10 Jahre jüngere, mit Realschulabschluss geschmückte und immer fantastisch gekleidete Kollegin Eva bemüht hat. Sie gab immer ihr Bestes. Niemals bin ich davon ausgegangen, dass sie an mir vorbeiziehen könnte. Sie kann kein Englisch, Vorträge sind von häufigem Kichern begleitet und ihr Team belegt im Ranking nur einen durchschnittlichen Platz. Aber ihr Lächeln ist wundervoll. Immerhin.

Ich habe studiert, spreche fließend Englisch und habe mein Team seit Jahren so gut im Griff, dass wir bei leistungsbasierten Bonuszahlungen immer weit vorne liegen.

Um jeden Preis wollte ich Abteilungsleiter werden. Es war im Flurfunk schon Monate vorher zu hören, dass diese Position demnächst neu zu besetzen wäre. Unabhängig von meinem bisher schon überdurchschnittlichen Arbeitspensum erhöhte ich meinen Einsatz, um die neue Aufgabe mit einer an Sicherheit grenzenden Wahrscheinlichkeit zu bekommen. Mehr Verantwortung und mehr Geld. Das war genau das, was ich wollte. Zwischenzeitliche Feedbacks meiner Chefin bestärkten mich in dem Glauben, dass kein Weg an mir vorbeiführte.

So kam der Tag, als ich via Outlook eine Einladung zu einem persönlichen Gespräch bekam mit der Betreffzeile „Wichtiges, zukunftsorientiertes Gespräch". Siegessicher und selbstbewusst schritt ich durch die Firma in Richtung Konferenzraum. Mein Tag. Meine Zeit.

Als ich die Tür aufmache, sehe ich neben meiner Chefin auch meine Realschulabschlusskollegin mit stark solariumgebräunt-pigmentierter Haut im Raum sitzen, die Köpfe aneinander gesteckt und kichernd. Ich lasse mich nicht irritieren. Wahrscheinlich hat sie ihr gerade Kaffee gebracht.

„Hallo Ben, schön, dass du hier bist und dir die Zeit nimmst. Nimm bitte Platz. Möchtest du einen Kaffee?"
„Ja, sehr gern."

Natürlich nehme ich mir die Zeit. Schließlich bist du die Chefin, du hast mich eingeladen und ich werde heute befördert. Was für eine blöde Eingangsfloskel. Sei es drum. Los geht's.

„Du bist ja im Bilde" beginnt sie, „dass unser ausgeschiedener Abteilungsleiter eine Vakanz hinterlässt, die es jetzt bestmöglich zu besetzen gilt."

Ja, das weiß ich. Und ich bin bereit. So was von bereit. Aber warum sitzt die Frau mit Mittlerer Reife noch hier?

Sie fährt fort: „Ich schätze deine Arbeit seit Jahren, lieber Ben, und ich bin mir durchaus der Tatsache bewusst, dass ich in dir eine erstklassig ausgebildete, engagierte und loyale Führungskraft in meinen Reihen habe.“

Ja, ich weiß. Also nun sag es schon. Und schmeiß die Realschülerin endlich raus.

„Durch die notwendigen Umstrukturierungen nach dem Weggang von Herrn Schwarz bin ich mit meinem Kollegen im Hauptquartier zu dem Entschluss gekommen, dass wir die Position nur mit einem verdienten und perspektivisch langfristig verfügbaren Mitarbeiter besetzen dürfen. Wir wollen den bestmöglichen Erfolg für unser Unternehmen. Mit der bestmöglichen Struktur. Und jedem Mitarbeiter auf dem perfekten Platz.“

Genau. Mit mir. Das alles bin ich. Sag es. Nette Brüste hast du ja, Eva.

„Wir haben uns die Entscheidung nicht leicht gemacht. Und ich bin mir durchaus über die Tragweite der Tatsache bewusst, wenn ich einen Teamleiter mit 16 Mitarbeitern zur Top-Führungskraft dieses Unternehmens und meiner rechten Hand mache. Darüber hinaus erwarte ich eine kollegiale Zusammenarbeit aller und den notwendigen Respekt für die neue Abteilungsleiterin.“

Wie - nicht leicht gemacht? Was läuft hier? Abteilungsleiterwas?

„Deswegen werde ich mit Wirkung vom 01.07.2011 Eva zur neuen Abteilungsleiterin machen. Mit deiner neuen Vorgesetzten habe ich auch schon besprochen, dass wir dein monatliches Gehalt zum gleichen Zeitpunkt um 100€ anheben. Sie war einverstanden und hat sich dafür eingesetzt."

Ich erstarre. Die Zeit scheint still zu stehen. Ich habe Dalis „Flüssige Uhren" von meinen Augen. Geschlagen von zwei Weltklasse 80C-Modellen. Keine neue Verantwortung und 100€ brutto mehr. Ich bin das Opfer einer nicht schriftlich fixierten, betriebsinternen Frauenquote. Ich kann dir meine Hoden zeigen. Die sind auch toll. Ändert das was an deiner Entscheidung?

„Ich brauche dich da, wo du jetzt bist." ergänzt sie. „Ohne dich und deinen Einfluss an der Basis stünde das Unternehmen nur halb so gut da. Ich hoffe sehr, dass du Verständnis für meine Entscheidung hast und auch in Zukunft mit deiner Erfahrung, deinem Fachwissen und deinem Engagement für den Erfolg unserer Firma eintrittst."

BLABLABLA! Nein, denke ich, habe ich nicht. Mache ich nicht. Leck mich. Und deine neue Abteilungsleiterin habe ich mehrmal flach gelegt. Sie hat eine wahnsinnig aufregende Figur und ist eine fantastische Liebhaberin. Sie spricht im Übrigen nur schlecht von dir. Besonders bei der postkoitalen Zigarette. Als Chefin brauchst du Verbündete, keine falschen Fuffziger. Viel Erfolg mit deiner Wahl. WORD!

Am nächsten Tag gab ich im Personalbüro meine fristgerechte Kündigung ab. Ich war an dem Punkt, an dem ich keine Zukunft mehr in dieser Firma gesehen habe. 100€ mehr? Brutto. Wow. Das reicht nur für 3 CDs! Meine Chefin und ich haben nie mehr darüber gesprochen.

Sie hat mit mir einen ihrer loyalsten und effektivsten Mitarbeiter verloren. Sie hat mit ihrer Entscheidung meine Unzufriedenheit billigend in Kauf genommen und den Preis dafür bezahlt. Wahrscheinlich stört sie das nicht. Ihr Credo war stets „Jeder ist ersetzbar". Und mich stört die Tatsache an sich auch nicht so sehr, wie mich das Ergebnis der ausbleibenden Beförderung mit diesem Hintergrund – immer noch - ankotzt.

Und jetzt Sie:

Er

☐ Like
☐ Dislike
☐ Unentschlossen

☐ Schon mal erlebt
☐ Kenne jemanden, der das kennt
☐ Noch nie in dieser Weise

Erinnert mich an _____

Sie

☐ Like
☐ Dislike
☐ Unentschlossen

☐ Schon mal genauso befördert worden
☐ Kenne eine, die das gemacht hat
☐ Schwachsinn

Erinnert mich an _____

k11 – Immer wieder Samstags

Es beginnt wie ein ganz normaler Samstag. Um 08:00h klingelt der Wecker. Ich freue mich auf den Tag; die Sonne lacht durch das Fenster in unser Schlafzimmer und ich denke kurz an die Dinge, die ich heute erledigen will: In Ruhe Kaffee trinken, eine Runde Golf spielen mit netten Menschen und am späten Nachmittag König Fußball frönen. Der Ausblick macht es mir leicht aufzustehen.

In dem Moment, als ich mit wirrem Haar aus dem Schlafzimmer trete, offenbart sich mir schon die erste Hürde, die mich an „meinem Samstag" hindern wird. Stimmt ja, wir haben Hunde. Zwei liebe und wirklich wunderschöne Hunde. Der mittlerweile stinkende Teppich im Wohnzimmer zeigt mir schon eindringlich, was passiert, wenn ich nicht mit ihnen eine Runde gehe. Also, los geht es. Es ist noch arschkalt für Anfang April und ich scheine seit Monaten erkältet zu sein. Nie hätte ich es für möglich gehalten, dass man sich daran gewöhnen kann. Wir leben auf dem Dorf und die Hunde haben deswegen auf Feldern und Wiesen wirklich tollen Auslauf. Nicht auszudenken, wenn wir in einer Stadt lebten, die Hunde nie von der Leine könnten und immer schön das Herrchen nerven mit Ziehen, Schnüffeln und Scheißen. Nach einer dreiviertel Stunde sind wir wieder zuhause und die Mädels bekommen Frühstück. Vor mir. Weswegen wir Hunde haben? Wegen ihr.

09:30h, ich sitze am Küchentisch mit leckeren Broten und herrlichen (spanischen) Tomaten, garniert mit Olivenöl und Kräutern. Sehr kurz überkommt mich ein schlechtes Gewissen wegen der miserablen Ökobilanz, aber wenn es im noch gefühlten Winter keine Tomaten aus der Region gibt, kann ich das auch nicht ändern. Mein Laptop steht neben mir; ich checke eMails und sehe Podcasts. 15 Minuten später kommt meine Frau aus dem Schlafzimmer, säuselt mir ein verschlafendes „Guten Morgen, Baby" ins Ohr und verschwindet im Bad. Ich setzen das Wasser für ihren Cappuccino auf und versuche so, ihr einen schönen Morgen zu ermöglichen. Mit ihren rehbraunen Augen schaut sie mich liebevoll an, als ich ihr die Tasse in die Hand drücke.

„Magst du bitte schon mal das Bett neu beziehen, eine Maschine anstellen und die trockene Wäsche vom Ständer nehmen?"

„Na klar." sage ich und beende mein geliebtes Frühstücksritual circa 25 Minuten zu früh. Aber das macht ja nichts. Ich liebe es, wenn meine Frau zufrieden ist.

Dafür brauche ich ungefähr eine halbe Stunde. Im dem Moment, als die letzte Tasse im Geschirrspüler verschwindet, steht mein Engel hinter mir, drück mich an sich und sagt: „Danke, Baby. Wollen wir dann jetzt einkaufen fahren? Es ist so schön, wenn wir das zusammen machen."

„Na klar." antworte ich und streiche gedanklich die Golfrunde von meiner Liste.

Ich gehe davon aus, dass die Einkaufsszenarien zwischen Frau und Mann auf der ganzen Welt nahezu gleich sind. Bei uns gibt es mittlerweile elektronisch synchronisierte Einkaufzettel auf allen Devices. Praktisch, aber sinnlos. Denn mehr als die Hälfte der gekauften Dinge waren nicht vorgemerkt.

Das ist nicht die einzige Herausforderung: Unser Stauraum bzw. Kühlschrank ist in chronischer Regelmäßigkeit nicht groß genug für den Einkauf. Ich habe keine Ahnung, warum das jedes Mal das selbe ist. Natürlich denke ich mir immer meinen Teil, aber wenn ich sie sehe, wie sie glücklich und neugierig den Supermarkt erkundet, lass ich sie einfach. Ich liebe es, wenn meine Frau zufrieden ist. Selbst wenn das dazu führt, dass wir immer wieder Konsumgüter entsorgen müssen. Nein, wir leben nicht in Saus und Braus, aber in Sachen Lebensmitteleinsatz gibt es Optimierungsbedarf.

Im Auto auf dem Weg nach Hause ist es bereits 13:00h, als sich der nächste Tagesordnungspunkt auf leisen Sohlen ankündigt: „Wenn wir gleich den Einkauf verstaut und wir uns ein wenig ausgeruht haben, müssen wir kurz saugen, das Parkett wischen und das Bad putzen."

„Na klar. Was wollen wir denn essen?"
„Ich dachte mir, du machst uns mal wieder die Maultaschen nach dem Rezept deiner Schwägerin. Ich mache derweilen schon das Bad."
„Ja, gute Idee. Ich mache das Essen."

Was bin ich froh, dass ich das Bad nicht machen muss. Auch wenn ich sonst nicht über die Maßen faul bin und auch eine saubere Wohnung mag, liegt mir die Reinigung des Bads nicht. Anders ausgedrückt: Meiner Frau mache ich es nicht gründlich genug.

Um 14:30h ist das Bad top, der Boden gewischt, alles gesaugt und das Essen steht auf dem Tisch. Wenn es noch eine kleine, winzige Hoffnung gab, doch noch auf den Golfplatz zu fahren, so ist sie in dem Moment verschwunden, als meine

Frau mir sagt, dass sie sich schon so auf den Kuchen bei ihren Eltern um 16:00h freut.

„Ist dieses Date neu?" beginne ich zaghaft einen Rebellionsversuch.

„Nein, Baby" antwortet sie leicht erstaunt. „Ich habe dir das schon am Mittwoch gesagt. Und du hast zugestimmt. Willst du das jetzt absagen? Hast du was anderes vor?"

Zwecklos. Natürlich sage ich das nicht ab. Mit Sicherheit hat sie mir das auch gesagt, aber mir fällt es regelmäßig schwer zwischen den Millionen von Worten, die ich gefühlt jeden Tag an den Kopf bekomme, die Wesentlichen zu filtern und zu speichern. Ich erinnere mich keineswegs an diese Verabredung, aber ich ergebe mich meinem Schicksal. Ich liebe es, wenn meine Frau zufrieden ist.

„Nein, mein Engel. Ich habe das nur gerade nicht auf dem Schirm gehabt."

„Wenn du noch kurz Zeit hast, bringe doch bitte noch die Wohnzimmerlampe an. Die Bohrmaschine meines Vaters haben wir doch noch hier, oder?"

Auf dem Weg zu meinen Schwiegereltern lacht uns die Sonne ins Gesicht, es ist trocken und ich trainiere zumindest in Gedanken meinen Golfschwung. Wir verbringen sehr schöne zwei Stunden bei Kaffee und Kuchen. Ich mag ihre Eltern und sie mögen mich. Doch um 18:00h denke ich langsam an den Nord-Süd-Klassiker. Hamburg zu Gast in München. Topspiel der Woche. Noch beim Weg zum Auto stelle ich mir vor, wie Rafael van der Vaart gegen den Neuer den entscheidenden Strafstoß verwandelt.

„Haben wir eigentlich noch einen guten Rotwein zuhause, wenn Frank und Valerie gleich zu uns kommen?"

Grummel. Daran erinnere ich mich tatsächlich. Leider ist Frank genauso leidenschaftlich an Fußball interessiert wie ich an Springreiten. Ich lasse mir nichts anmerken und stelle an meinem Smartphone den Toralarm an.

„Ja, wir haben noch diesen leckeren Wein aus der Toskana, den wir letztes Jahr mitgebracht haben."
„Oh prima" sagt meine Frau. „Ich freue mich auf einen schönen Abend."

Frank hat sich meines Erachtens aufgrund seines guten Einkommens eine wirklich, wirklich gut aussehende Frau anlachen können. Ich habe noch nie einen Eindruck von ihrer Intelligenz bekommen, weil sie eigentlich nie redet. Das ist schon etwas besonders und vielleicht schreibe ich ihr genau deswegen einen überdurchschnittlichen IQ zu. Mit dieser Attributionstheorie lag ich im meinem Leben noch nicht häufig falsch. Wenn Valerie in unsere Runde sitzt, einen leckeren Rotwein trinkt, über meine Witze zurückhaltend lacht und immer mit diesem leicht arroganten Lächeln und geradem Rücken in unserer Couch sitzt, muss sie einfach intelligenter als der Durchschnitt sein. Schlaue Frauen überlegen mehr und reden weniger. Oder zumindest überlegen sie, bevor sie anfangen zu reden. Das ist der wohl gravierendste Unterschied zu Schmalspurhirnen. Also auch wenn ich mit Valerie noch nie ein besonders Gespräch geführt habe, so freue ich mich doch jedes Mal, wenn sie kommt. Sei mein Bild an der Wand, Valerie. Setz dich bitte einfach da hin. Danke.

Meine Frau und Frank sind schon seit vielen Jahren sehr gute

Freunde. Auch wenn ich mit ihm nicht viel anfangen kann, so weiß ich doch wie wichtig es ist, seine sozialen Kontakte zu pflegen. Ich habe das über meinen Vater gelernt, der das nie tat und im Alter keine Freunde mehr hatte. So darf uns das nicht gehen. Und so geht der Abend ohne einen Blick auf den grünen Rasen in der Allianzarena zu Ende mit einem Kuschelabend auf der Couch, nachdem Frank und Valerie gegen 22:00h wieder gegangen sind. Ich liebe es, wenn meine Frau zufrieden ist.

„Es war ein wundervollen Tag mi dir, mein Schatz" sagt meine Frau liebevoll zu mir. „Hast du dir das auch so vorgestellt?"

„Ja, nicht ganz. Weißt du, ich wollte eigentlich mal auf dem Golfplatz vorbeischauen und ..." Sie legt ihren Finger auf meinen Mund, sagt dabei leise „psssst" und krabbelt küssender weise auf mich ... Alles ist gut. Es wird ein wundervoller, leidenschaftlicher Akt. Sie hat mich im Griff. Ich weiß, dass sie mich manipuliert, aber ich lasse es mit mir geschehen, denn was ich durch sie erfahre und erlebe, ist besser als 1000 geplante Männer-Samstage.

Mein Smartphone habe ich zwischendurch nicht gehört. Gegen 23:00h schaue mir das Ergebnis des Spiels an: München vs. Hamburg 9:2. Ach wie gut, dass ich das nicht gesehen habe.

Alternativszenario:

Ich stehe auf und die Hunde springen mich an. Ich schreie in Richtung Schlafzimmer:

„Kannst du heute morgen nicht mal mit den Kötern rausgehen?"

Jeden Morgen der gleiche Scheiß. Wir haben die Hunde ihretwegen und und ich muss morgens mit ihnen rausgehen. Meine Stimmung ist schon um diese Tageszeit miserabel. Ich glaube, ich bekomme ein Magengeschwür. Als ich wieder zurück bin, liegt sie immer noch im Bett. Einmal möchte ich erleben, dass sie mir morgens den Kaffee macht. Einmal. Ich möchte mit diesem Kaffeegeruch in der Nase aufwachen.

Als sie endlich aus dem Schlafzimmer kommt, brummt sie nur ein „Moin" und verschwindet im Bad. Den Cappuccino bemerkt sie gar nicht und das Nächste, was sie sagt, ist „Kannst du das Bett schon mal neu beziehen, eine Maschine anstellen und die trockene Wäsche vom Ständer nehmen?"

„Kann ich vielleicht erstmal in Ruhe zu Ende frühstücken? Und die Maschine kannst du jawohl alleine anstellen. Du bist ja schließlich schon im Bad."

Der darauffolgende Einkauf ist eine Katastrophe. Sie packt soviel nutzloses Zeug in den Korb und ich kann nicht anders, als alles mit spitzfindigen Bemerkungen zu torpedieren. Sie ist langsam deutlich verärgert. Die Leute gucken schon. Ich bekomme das nicht mit. Auf der Rückfahrt sprechen wir kein Wort.

Wortlos drückt sie mir zuhause den Wischmop in die Hand.

„Und du bist heute mit Kochen dran" ergänzt sie schon im Weggehen den Arbeitsauftrag.

„Schon wieder? Und wischen soll ich auch noch? Was machst du?"

„Ich mache im Bad deine Barthaare und deine Schleifspuren im Klo sauber. Du kriegst das ja nie hin."

Das Essen gelingt mir nicht. Das weiß ich selbst. Warum muss sie noch sagen „Du vergisst immer das Salz"?

Oh Mann, auf ihre Eltern habe ich ja heute so richtig Bock. Fast jeden Samstag will sie zum Kaffee dahin. Ich verstehe den Scheiß nicht. Sie hat 18 Jahre mit denen zusammen gelebt. Es kommt noch schlimmer. Ihre dusseligen Freunde kommen heute Abend zu uns. Grauenvoll. Dieser Idiot Frank mit seiner Schnecke. Die redet nie. Hoffentlich hat sie wenigstens ein Shirt mit heißem Ausschnitt an.

Als die endlich weg sind, will ich noch schnell Sex. Sie weist mich ab. Kopfschmerzen. Was für ein Scheiß Samstag. Stress, Reibereien und Streit. Wie immer also. Und der HSV verliert auch schon wieder. Wie immer also. Um 23:00h sitze ich mit meinen Koffern im Zug zu meiner Mutter. Ich brauche ein neues Leben.

So kann es auch gehen. Meine Partnerschaft funktioniert nur, wenn sich mindestens einer nicht immer so wichtig nimmt. Meine Liebe für meine Frau bedeutet, dass ich sie glücklich sehen will. Dann bin ich auch glücklich.

Wiedererkannt?

<u>Er</u>

☐ Like
☐ Dislike
☐ Unentschlossen

☐ Schon mal erlebt
☐ Kenne jemanden, der das kennt
☐ Das Alternativszenario ist doch normal!

Erinnert mich an _____

<u>Sie</u>

☐ Like
☐ Dislike
☐ Unentschlossen

☐ Mein Mann/Freund/Partner ist samstags nie da
☐ Bin geschieden/getrennt/Single
☐ Schwachsinn

Erinnert mich an _____

k12 – REWE ist zu klein

In Deutschland braucht man für so fast alles eine Erlaubnis, einen Schein oder eine Genehmigung. Wenn du dich selbstständig machen möchtest, brauchst du einen Gewerbeschein. Für das Autofahren einen Führerschein. Für das Halten von Kampfhunden einen Hundeführerschein. Für das Arbeiten in der Gastronomie ein Gesundheitszeugnis. Für die Gründung einer GmbH wird dir eine notarielle Beglaubigung vorgeschrieben (Ausnahme: Eine UG mit nur einem Geschäftsführer). Für das Fahrer eines Gabelstaplers einen Staplerschein. Für das Jagen einen Jagdschein. Bei der Beobachtung von einigen jungen Mütter drängt sich immer wieder die Frage auf, warum es ausgerechnet für das Kinderkriegen keine Eignungsprüfung gibt. In einem Land, in dem so gut wie alles in irgendeiner Form geregelt ist, fehlt meines Erachtens eine wie auch immer gelagerte Regelung.

Kommen Sie mir jetzt nicht mit dem Grundgesetz! In Artikel 2 Abs. 1 steht zwar, dass jeder das Recht hat auf die freie Entfaltung seiner Persönlichkeit, aber nur soweit er nicht gegen die Rechte anderer verletzt (…). Doch wenn Kinder unter Verantwortungslosigkeit, Unreife und Unwissen leiden, muss hier etwas passieren.

Okay, nach reiflicher Überlegung ist die Idee mit dem Schein wirklich Blödsinn. Wer soll das entscheiden? Dürfen sozial benachteiligte unter 25 Jahren keine Kinder mehr bekommen? Vielleicht sollte die staatliche Judikative zumindest in Erwägung ziehen, Müttervorbereitungskurse zu einer Pflicht zu machen. Wie auch immer der aussähe. Möglicherweise kann so mehr Verantwortung, mehr Wissen und mehr Für-sorge und somit Zukunft vermittelt werden. Denkbar wäre hier eine Gesetzgebung, die auf das Recht des neugeborenen Lebens zielt. „Das ungeborene Leben hat das unabdingbare Recht, dass sich die Eltern vor der Niederkunft mit staatli-cher Unterstützung die bestmöglichen und nach jeweils aktu-ellem Wissensstand allgemein akzeptierten Mindestverhal-tensregeln in x Stunden aneignen. In Ermangelung der Mög-lichkeit, dass das heranwachsende Baby dieses Recht einfor-dert, wird daraus eine Pflicht für die Eltern."

Hm.

Doch nun zu dem ausschlaggebenden Ereignis: Neulich sitze ich in der Straßenbahn und sehe zwei junge Mütter, die sich mit ihren Kinderwagen im Ein- und Ausgangsbereich des Ab-teils platziert haben. Mein geschultes Auge erkennt sofort: Junge Frauen ohne Schulabschluss aus dem sozialen Brenn-punkt der Stadt.

„Weisste Süße, ich hab voll krass vorhin den Jo an' Kopp ge-haun, dass er mich krass lecken soll. Sein Sohn tut er nicht mehr sehn." sagt die Eine ungeniert laut zur Anderen.
„Korrekt, Schnecke. Der kann nicht krass die Nachbarbitch ficken und glauben, dass du das einfach schluckst." antwor-tet die Andere begeistert.

Das wird interessant. Ich tue ab sofort nur so, als tippe ich auf meinem Smartphone herum.

„Und das war nich das erste Mal, dass er mir fremd gegan-gen war." erklärt die Hintergangene weiter. „Er hat mit schon vorher mit meiner BFF auf mein Sofa betrogen. Total krass, oder? Da habe ich ihn korrekt mal die Meinung erzählt."

Ich möchte zu den Beiden gehen und sagen: „Hey, man kann euch hören." Doch ich verwerfe den Plan schnell, denn wem ist damit geholfen?

„Ich wär total ausgetickt, Süße und hätte ihm vielleicht sogar eventuell noch die Fresse poliert, ordentlich. Aber die Schlampe hätt ich auf die Augen gehaun. Auf jeden, Alter."
„Vielleicht soll ich mal den Penner dissen bei seinen Kollegen, eih."

Erstaunlich, wie ungeniert die Beiden die ganze Bahn unterhalten. Ich verstehe einfach nicht, wie man so wenig Schamgefühl haben kann. Woran kann das liegen, dass Menschen so hemmungslos und schmerzfrei ihr scheiss Leben öffentlich breittreten? Ich mochte noch nie die Leute, die laut sind und gern im Vordergrund stehen. Dabei spielt es keine Rolle, wie intelligent sie sind oder welchen gesellschaftlichen Status sie bekleiden. Mir sind solchen Menschen einfach unangenehm. Fremdschämen. Eine unglaublich faszinierende Art des Unwohlseins.

Jeder darf poppen. In einigen Gesellschaftsschichten scheint es eine Art Sport zu sein, sich schnell mal Nachwuchs zuzulegen, Geld vom Amt kassieren und sich dann wieder seinen üblichen Freizeitbeschäftigungen zu widmen. In diesem Zusammenhang sind die Kinder immer die Leidtragenden. Sie können als einzige wirklich gar nichts dafür, dass sie geboren werden. Das Schlimmste daran ist, dass sie sich die Eltern nicht aussuchen können. Ich hatte Glück, wie viele andere auch. Doch das hatten nicht alle.

Auch wenn meine Kinder noch nicht geboren sind, brauchen sie irgendwann auch Menschen, die sie führen können. Dass das arrogant klingt, ist mir bewusst. Aber es muss auch Nicht-Intelligenzbestien geben. Wo kämen wir da hin, wenn wir alle Einsteins IQ hätten? Keine würde mehr arbeiten, alle würden nur noch denken. Und im meinem Lieblingssupermarkt gäbe es keinen Milchreis mehr. Es gäbe keine „Arbeiter" mehr. Alle denken nach.

Auf dem Weg in den Supermarkt meines Vertrauen bin ich noch erfreut zuversichtlich, meine Begegnung der Dritten Art für den heutigen Tag hinter mir zu haben.

Weit gefehlt. Bereits im Eingangsbereich fällt mir diese Torte mit Kind auf, die aus einem Q7 stieg und mit überdimensionaler Channel-Sonnenbrille und goldbesetztem Handsack dem Einkauf entgegen sieht. Immer wieder frage ich mich, was Frauen generell in 30-40 Liter Taschen mit sich herumtragen. Handtaschen, gut und schön. Das macht ja auch Sinn. Aber wenn die Tasche ein Sack wird und eine Größe entwickelt, in der ich Klamotten für 2 Wochen Urlaub in Australien inklusive Waschtasche unterbringe, haben diese Frauen ein ganz klares Problem. Nein nein, nicht Obdachlosigkeit, sondern eine persönliche Charakterschwäche. Ich nenne das salopp PrioSchwäche. Frauen wollen sich wahrscheinlich keine Gedanken machen, was sie mitnehmen, wenn sie das Haus verlassen. Schließlich fordert die Klamottenfrage ja die Hauptaufmerksamkeit.

Warum sollten sie auch trotz nicht aktueller Regel Tampons dabeihaben? Wie kommt es, dass Frauen fast immer ein oder zwei Bücher mit sich rumtragen? Plus Handy. Taschentücher. Am besten finde ich meistens die riesigen Portemonnaies mit vielleicht 100-120€, unzähligen Kundenkarten und Fotos. Natürlich dürfen die Kontoauszüge der letzten drei Monate nicht fehlen sowie auch Zettel mit To-Do's und Telefonnummern sowie dem nächsten Frauenarzttermin. Ich bin ziemlich sicher, dass ein Portemonnaie einer Frau im Schnitt 5 bis 6 Mal so groß ist wie die von Männern. Wenn Männer überhaupt ein Portemonnaie haben.

Darüber hinaus findet man natürlich noch die letzten zwei Briefe der Hausratversicherung im Handsack. Abstrus wirkt bei genauerem Betrachten die Ansammlung von gebrauchten Taschentüchern. Ich stelle mir das jedes Mal so vor: Ich muss mal die Nase putzen, nehme mir ein Taschentuch. Nach einmaligem Gebrauch ist das Taschentuch „doch noch gut" und wandert zurück in die Tasche. Das kann ich ja noch mal gebrauchen. Bei der nächsten Reinigungsaktion wird aber ein neues Taschentuch genommen, weil ich ja kein Gebrauchtes, Dreckiges wieder nutzen will. Himmel hilf.

Außerdem dabei im durchschnittlichen Handsack: Zwei bis drei Kulis, mindestens einen Lipgloss, ein Lippenpflegestift, Eyeliner, Puder, Mascara und selbstverständlich eine Nagelfeile, ein paar Zettel, Zahnseide, Handcreme (möglicherweise zwei für unterschiedliche Situationen) und Kondome. Nein, nicht einen, sondern mehrere. Man kann ja nie wissen. Und finally - Kopfschmerztabletten.

Was lobe ich mir die Einfachheit des männlichen Daseins. Papiere, zwei Scheine/Karten, Schlüssel, Telefon und los. Ich brauche nicht mal eine Übergangsjacke.

Also, was auch immer in dem Handsack der Torte mit Kind im Supermarkt wirklich ist, soll sie den Scheiß doch schleppen. Ist mir egal.

Ihre Tochter, das arme Ding, sieht aus wie eine Schaufensterpuppe. Ich schätze sie auf vier oder fünf Jahre. Zwei Zöpfchen, blaue Sonnenbrille, rosa Shirt mit Paillettenschriftzug: „Daddy's Princess. Don't ask me to work." Nett. Wenn das keine Projektion der Mutter ist.

Ich höre die Kleine sagen: „Mama, tan i nachher wieder mit die Hunde pielen?" Hey, Schnecke. Vielleicht ließt du mal mit deiner Tochter?

Manikürte Finger, sehr schlank und figurbewusst angezogen. Die Vermutung liegt nahe, dass diese Frau das Wort „berufstätig" mal von ihrem Mann gehört hat. Das soll mich alles nicht weiter interessieren. Ich liebe es, einzukaufen und will meine Runde durch den Konsumtempel genießen. Wie jeden Tag brauche ich nicht viel; ich sollte schnell fertig sein. Im Obst- und Gemüsebereich suche ich mir wundervolle Pfirsiche und Bananen aus. Aus dem Off höre ich „Schau mal, Spätzchen, die Weintrauben, die Mama hier hat, sind seedless. Hast du Lust auf Weintrauben?"

„Was heißt seedless?"
„Das weiß ich nicht genau. Wir können ja mal Papa nachher fragen."

Wie könnte es anders sein – es ist das Püppchen aus dem Eingangsbereich. Nennen wir sie der Einfachheit halber „Mandy".

„Ich glaube, das hat irgendwas mit 'Samen' zu tun, verstehe aber den Zusammenhang nicht." sagt sie weiter. Dabei hat sie kurz einen Schminkspiegel zur Hand genommen und checkt ihren Look.

Ach, das Wort „Samen" kennst du, höre ich mich stumm schreien. Schnell weiter, ich brauche nur noch Joghurt, Milch und ein paar Biosachen. Ich schaue mir gerade ein paar leckere Milchprodukte an, als ich rechts neben mir höre:

„Vincent aus der Tindergatten hat neulich gsagt, er sei lackdoseintolerant." It dat wat Schlimmes?"
„Nein," antwortet Mandy umgehend, „das bedeutet nur, dass er kein Maler werden kann."

Wie bitte? Hat sie daraus „Lack", „Dose" und „intolerant" verstanden? Das ist eine Weltklasseleistung.

„Aber warum steht dat dann auf die Verpackung von Milch?" bohrt die Kleene weiter.
„Oh, das habe ich noch nicht gesehen. Woher weißt du das?"
„Mama, ich tann lesen."
„Ach wirklich, mein Schatz? Seit wann?"

Ich freue mich über dieses sehr neugierige Kind, das bei der Vergabe der wichtigsten Erbeigenschaften ganz offensichtlich und glücklicherweise mehr von ihrem Vater bekommen hat. Aber das mit dem Sprechen will noch geübt werden.

Im weiteren Verlauf meines Einkaufs fühle ich mich irgendwie verfolgt. Was habe ich wem getan, dass ich ständig ungewollt Zeuge von so viel Dummheit werde? In der Abteilung mit Bioartikeln stehe wenig später wie angewurzelt und mit dem Rücken zur Dumpfbacke am Regal und traue mich nicht, mich zu bewegen. Was ich einkaufen will, wird fast schon zur Nebensache.

„Entschuldigen Sie bitte," sagt Mandy und tippt mir auf die Schulter, „können Sie uns helfen und erklären, was „gluten-frei" bedeutet?"

„Gluten ist wie Uhu."
„Was hat das mit dem Vogel zu tun?"

Innerlich bin ich total aufgewühlt und bekomme schon fast unangemessen unhöflich nur noch ein „Frag Google." zustande. Das arme Kind. Wie bekommt diese Frau eigentlich das Geld für lebensnotwendige Nahrungsmittel zusammen? Mein Blick fällt, untypischerweise erst zu diesem Zeitpunkt, auf ihre Brüste. Was für geile Nippel.

„Dieser Supermarkt ist zu klein für uns beide." höre ich mich sagen und mache mich vom Hof. Den Einkauf lasse ich in Gang 8 stehen.

Sie meinen dazu:

Er

☐ Like
☐ Dislike
☐ Unentschlossen

☐ Schon mal erlebt
☐ Kenne jemanden, der das kennt
☐ Egal, Hauptsache 80D

Erinnert mich an _____

Sie

☐ Like
☐ Dislike
☐ Unentschlossen

☐ Schon mal genauso gemacht (inside Bahn)
☐ Kenne eine, die genauso ist
☐ Schwachsinn

Erinnert mich an _____

k13 – Der Fisch in der Grube

Mit unseren beiden Hunden Agent T und Agent K bin ich jeden morgen in einer stillgelegten und bereits wieder recht grünen Kiesgrube unterwegs. Die „Betreten verboten" Schilder stören mich nicht wirklich, zumal die Grube unserem Vermieter gehört. Ich nehme mir also das Recht heraus, aus unserer monatlichen Miete auch ein Nutzungsrecht für diese ungenutzte Fläche abzuleiten. Außerdem ist dieses Gelände Jägerfrei und bietet mit seiner natürlichen Begrenzung besonders für die kleine Agentin K die Freiheit, sich ohne Leine auszutoben. Ein Paradies mit Rehen, Hasen und Füchsen. Zum Glück ist die Kleene nicht schnell genug, um Beute zu machen. Zumal ich 100% davon ausgehe, dass sie sowieso nur spielen will, denn ich unterstelle einen absolut unterentwickelten Killerinstinkt; schließlich bekommt sie ja täglich mehrmals Futter.

Ich verstehe in diesem Zusammenhang nicht, wieso Jäger auf Hunde schießen dürfen, die Wild jagen. Sie bekommen die Rehe nicht; sie werden quasi kostenlos trainiert. Das kann doch nur im Sinne der Tiere sein. Auch wenn mir ein befreundeter Jäger sagte, dass der Stress für die Tiere zu groß sei, lasse ich den Hunden freien Auslauf. Schließlich will ich zuhause meine Ruhe haben. Ausgelastete Hunde bedeutet, dass sie danach 5 Stunden schlafen.

Eines schönen Morgens sehe ich Agent K, wie nicht selten zu diesem Zeitpunkt, in einigen Hundert Metern Entfernung immer mal wieder vorbeihuschen. Die Bäume verdecken nicht ganz den Blick auf sie, als sie unvermittelt anfängt in der

Mitte der Grube zu buddeln, nach ein paar Augenblicken offensichtlich etwas findet und noch im Stehen verschlingt. Ich denke kurz daran, „Nein" vom erhobenen Rand der Kiesgrube zu schreien, aber das wäre auch zwecklos, wenn ich direkt neben ihr stünde. Also gehe ich davon aus, dass Hunde nur das essen, was ihnen bekommt und beschäftige mich mit Agent T, die mich als Mittelpunkt des Universums sieht und sich kaum von mir entfernt.

An dem selben Tag nachmittags sind wir wieder in diesem Revier unterwegs. Ich bin auch in den Mittelpunkt hinabgestiegen und beobachte die Racker, wie sie einander jagen und sich austoben. Agent K stoppt aus der Verfolgungsjagd abrupt und fängt nur wenige Meter von mir entfernt an zu buddeln. Hundenasen sind erstaunlich. Was sie allerdings dann zu Tage fördert, ist noch viel erstaunlicher: Einen toten Fisch, schön sandig. Einen toten Fisch? In einer nicht-öffentlichen Kiesgrube? In einer meteorologischen Trockenzeit? Jahrtausende nach einer möglichen Eiszeit? Tieren sagt man nach, dass sie nur das essen, was auch noch bekömmlich ist. Das heißt, älter als 14 Tage kann der Fisch nicht gewesen sein.

Selbstverständlich war ein „Nein" genauso Sinn befreit wie der ninja-artig schnelle Versuch, ihr die Beute zu nehmen. So ein mit Erde bedeckter, toten Fisch muss schon richtig gut schmecken. Sie hat ihn gegessen. Und nicht wieder ausgekotzt.

Bewegt von der Herkunftsfrage waren wir abends mit Bekannten in einer Bar verabredet. Ich kann nicht lange mit dem Erlebten hinter dem Berg halten und schloss letztlich mit der Frage, wie so etwas möglich sei.

„Ach," höre ich vom Nebentisch, „das ist doch ganz klar."

Ich drehe mich um und sehe in zwei himmelblaue Augen einer blonden Lady. Ich bin fasziniert und verfolge, wie sie mit ihren wundervollen Lippen die nächsten Worte quasi in Zeitlupe formt.

„Es hat letzte Woche geregnet."

Albert Einstein lag falsch – meine Faszination wich schneller als das Licht..

„Stimmt, daran habe ich noch gar nicht gedacht. Ich hätte länger zur Schule gehen sollen" antworte ich, blicke grübelnd drein und streiche mit Daumen und Zeigefinger mehrmals über mein Kinn. Danach wende ich mich wieder meinem Ramazzotti zu. Der IQ des Kräuterlikör liegt deutlich näher an meinem.

Ich mag so viel Selbstverständnis. Ich bin begeistert von Menschen, die so sehr und zweifelsfrei an sich glauben.

Bis heute bleibt die Frage, wie zwei toten Fische in einer Kiesgrube unter die Erde kommen, unbeantwortet.

Ihre Theorie:

Er

☐ Like
☐ Dislike
☐ Unentschlossen

☐ Schon mal erlebt
☐ Kenne jemanden, der das kennt
☐ Is mir egal. Neue Runde.

Erinnert mich an _____

Sie

☐ Like
☐ Dislike
☐ Unentschlossen

☐ Schon mal genauso gemacht
☐ Kenne eine, die genauso blöd ist
☐ Schwachsinn

Erinnert mich an _____

k14 – Im nächsten Leben

Eine App besitzt eine von Menschen definierte, künstliche Intelligenz, die im Idealfall unfehlbar ist. Sie lässt sich nicht von äußeren Einflüssen leiten, rechnet unbeirrt das richtige Ergebnis aus und – 3G Netz vorausgesetzt – kann dir an jedem Punkt und zu jeder Zeit eine Hilfe sein.

Lola ist ein Bekanntschaft aus der Nachbarschaft, die den Männern regelmäßig den Kopf verdreht. Am liebsten mag es jeder, wenn sie diese rückenfreien Tops trägt und man erkennt, dass sie keinen BH nutzt. Dann sind den Fantasien keine Grenzen gesetzt. Kein Mann, der sie je so gesehen hat, kann sich der Behauptung widersetzen, er habe sich nicht vorgestellt, wie ihr blanker, bebender, großer Busen aussehen könnte. Da sind alle Männer gleich. Und der Rest ihres Körpers könnte auch aus Modena sein. Weder so ein Topmodell-Strich noch eine Rubensfrau. Einfach Hammer. Insofern ist es nicht verwunderlich, dass sie aus ihrem Körper „Kapital" schlägt.

Lola arbeitet natürlich nicht. Jedenfalls nicht im klassischen Verständnis. Morgens geht sie nach 10:00h erstmal zum Friseur, trifft sich zum Plausch mit einer oder mehreren Freundin(nen), bevor sie pünktlich um 14:00h den persönlichen Fitnesstrainer trifft und danach die Massage genießt. Und das jeden Tag! Nicht zu vergessen die zweiwöchentlichen Shoppingtouren, wenn ihr Mann Dienstags Golf und Donnerstags Skat spielt. Sie wohnen in einer Festung. Gerüchten zufolge ist ihr Mann Investmentbanker. Videoüberwachung, drei Wagen zur Auswahl, einer ist sogar pink, schweres automatisches Tor und der Einkauf wird mehrmals wöchentlich geliefert. Nett.

Hunde sind neben unfehlbaren Fischsuch- auch erstklassige Kontaktmaschinen. An einem sonnigen Tag schlendere ich durch unser Dorf und sehe Lola an einem Parkautomaten stehen. Durch und durch gestylt, mit schicken Schuhen und Handtäschchen. Als sie mich bzw. die Hunde sieht, quiekt sie leicht und japst:

„Oh, wie niedlich. Die Hündchen sind ja richtige Goldstück- chen. Macht ihr gerade ein Spaziergängchen mit eurem Herrchen bei dem schönen Wetterchen?"

Dabei geht sie leicht geduckt mit ausgestreckter Hand auf die Beiden zu.

Agent T weicht zurück (Iih, ein Mensch).
Agent K springt sie sabbernd an (Ooh, ein Mensch).
Lola weicht zurück (Iih, nicht lecken).
Ich arbeite an den Leinen (Ooh, eine dusselige Kuh).

Alle Beteiligten beruhigen sich nach kurzer Zeit wieder und Lola nutzt die Gelegenheit, mit einer essenziellen Bitte an mich heranzutreten.

„Können Sie mir vielleicht kurz helfen mit dem Parkscheinge- rät?" fragt sie mich.
„Klar" antworte ich.
„Ich weiß nicht, wie ich das machen soll."

Die modernen Ticketgeräte von heute können einen schon mal ins Grübeln bringen, aber wer lesen kann, ist klar im

Vorteil.

„Das ist relativ einfach. Geld rein, Ticket raus."
„Wo muss ich denn das Geld reinstecken?"
„Nun, es gibt nur zwei Öffnungen an dem Automat. Das ist sozusagen Idiotensicher."

Diese Aussage weckt offensichtlich den Ehrgeiz in ihr und wie selbstverständlich nähert sich ihre Hand mit einer Münze dem Einwurf. Die Münze fällt und Lola wartet.

„Die Maschine ist kaputt. Da kommt nichts raus."
„Du musst noch auf den grünen Knopf drücken."

Es druckt! Es lebt! Ich sehe ein Lächeln auf ihrem Gesicht, als das Ticket unten rausfällt. So ein Siegerlächeln. Als hätte sie den Apparat besiegt. Als hätte sie nun die Herrschaft über die Maschinen. So ein Lächeln hätte ich nach dem Gewinn des Superbowls. Aber nun gut – sie ist anders als ich. Sie ist jetzt 0,001% alltagstauglicher. Glückwunsch.

Sie blickt auf den Zettel in ihrer Hand und sagt: „Da steht jetzt eine Uhrzeit drauf. Woher weiß ich, wie lange ich jetzt hier parken darf?"

Ich korrigiere; 0,000000001% alltagstauglicher als zuvor.

„Schau mal auf deine Uhr" antworte ich geduldig. „Es ist jetzt 14:30. Was steht auf dem Schein?"
„15:00 Uhr."
„Also?"
„Also darf ich hier eine halbe Stunde parken?"
„Genau richtig".

„Aber das reicht nicht. Für die Maniküre brauche ich mindestens eine Stunde."

„Dann hättest du drei 50-Cent-Münzen in den Automat stecken müssen."

„Aber das hast du mir gar nicht gesagt."

Ich seufze ganz tief. Sie hat Recht. Ich hätte nicht so viel auf ihre Titten schauen sollen.

„Also noch mal von vorne." sage ich zu ihr. „90 Minuten, also 3x50 Cent."

„Nimmt der auch Scheine?"

„Möchtest du versuchen, in den Münzeinwurf einen Schein zu drücken? Meinst du, der ist dafür vorgesehen?" frage ich mit ironischem Unterton.

„Nein," antwortet sie mit leicht zur Seite gelegtem Kopf, schaukelt ihren Körper hin und her und lächelt.

„Also, Münzen!"

Ein Paradebeispiel, warum ich als Mensch Führungsverantwortung habe. Ich leite die Menschen zur richtigen Antwort und am Ende haben sie das Gefühl, selbst darauf gekommen zu sein.

Lola steckt drei Münzen in das Ding, hält kurz inne, erinnert sich, dass sie noch auf den grünen Knopf drücken muss und zum zweiten Mal hält sie ihren Erfolg in ihren Händen.

„Vielen lieben Dank. Ich hätte gar nicht gewusst, was ich ohne dich gemacht hätte."

Sie steckt das Ticket in ihre Tasche.

„Du musst den Schein jetzt aber noch sichtbar hinter deine Windschutzscheibe legen."

Schweigen. Du dusselige Kuh. Ich dreh gleich durch.

„Wenn du dich auf den Parkplatz setzt und dein Auto die Maniküre bekommt, kannst du den Zettel in deiner Tasche lassen. Oder an deine Brust heften."

„Nein," antwortet sie selbstbewusst und kichert, „das wäre dann ja eine Autowäsche. Ich lege den Parkschein ins Auto."

Na, das war ja ganz einfach. Wenn ich dir mal zeigen soll, wie das mit der Fortpflanzung funktioniert, melde dich bei mir.

„Vielleicht solltest du dir wünschen, dass du im Fall deiner Reinkarnation als App wiedergeboren wirst." sage ich ihr zum Abschied.

Nach einem kurzen „Ich-weiß-nicht-warum-du-das-gesagt-hast-Blick" schüttelt Lola unverständlich den Kopf und antwortet: „Nein, ich weiß nicht so genau, was Re-Dingsbums ist, aber ich kenne keine App, die so schöne Brüste hat wie ich."

Quod esset demonstrandum, dachte ich und errechnete ihren IQ: 74.

Your turn:

<u>Er</u>

☐ Like
☐ Dislike
☐ Unentschlossen

☐ Schon mal erlebt
☐ Kenne jemanden, der das kennt
☐ Noch nie in dieser Weise

Erinnert mich an _____

<u>Sie</u>

☐ Like
☐ Dislike
☐ Unentschlossen

☐ Parkautomaten sind aber auch kompliziert
☐ Kenne eine, die das gemacht hat
☐ Schwachsinn

Erinnert mich an _____

k15 – Mit Femen im Jemen

Vor kurzem habe ich im Fernsehen einen Bericht über Josephine aus Hamburg-Bergedorf gesehen, die im Rahmen einer Femen-Aktion ihre Brüste vor dem tunesischen Justizpalast in Tunis auspackte und für die Rechte der Frauen demonstrierte. Ich habe herzhaft gelacht, als sie nach ihrer Freilassung sagte, dass sie davon ausgegangen sind, ausgewiesen zu werden. Mit Gefängnis hat sie zu keinem Zeitpunkt gerechnet. Und: „Wir wollten die Gefühle des tunesischen Volkes nicht verletzten."

Also wirklich; wenn ich davon ausgehe, dass Josephine die Aktion vorher beispielsweise von Inna Schewtschenko (sie leitet das „Femen-Trainingszentrum" in Paris) hat absegnen lassen oder vielleicht dort darauf vorbereitet wurde, dann ist klar, dass die jungen Frauen keine kulturelle Ahnung haben. Frau Schewtschenko ist Baujahr 1990! Da fehlt es einfach noch an Lebenserfahrung. Die Staatsreligion ist der Islam. 98% der Bevölkerung bekennen sich zu diesem Glauben.

Im Koran steht: "Die Männer stehen über den Frauen, weil Gott sie vor ihnen ausgezeichnet hat, und wegen der Ausgaben, die sie von ihrem Vermögen machen ... Und wenn ihr fürchtet, dass die Frauen sich auflehnen, dann ermahnt sie, entfernt euch von ihnen im Ehebett und schlagt sie. Wenn sie euch dann gehorchen, dann unternehmt nichts weiter gegen sie!" und Sure 2:228: "Und die Männer stehen eine Stufe über ihnen".

Nach unserer westlichen Auffassung ist das obsolet und gehört geändert. Verständlich. Wenn eine Staatsreligion das aber so vorgibt, wie kann man dann davon ausgehen, die Gefühle eines gläubigen tunesischen Menschen nicht zu verletzten? Noch mal – 98% der Bevölkerung leben nach diesem Glauben! Viel mehr als Politik sind Religionen keine Frage von Vernunft. Jeder Glaube, jede Religion hat Schwächen.

Ich bin sicher, dass es Frauen im Islam gibt, die aufgrund ihres Glaubens diese Rolle nicht nur akzeptieren, sondern auch mögen. Welches Recht haben wir also, hier eine Veränderung zu fordern? Mutet das nicht genauso merkwürdig an wie manche Bestrebungen der USA als „Weltpolizei", eine demokratische Ordnung in die Welt zu tragen? Ist Femen mit dem Protest in Tunesien möglicherweise nur eine Fortsetzung der mittelalterlichen Inquisition? Wieso glauben wir „Aufgeklärten" das Recht auf unserer Seite? Und vor allem welches Recht? Mit welcher Legitimation? Wie können wir einen moralischen Kodex für Andersdenkende fixieren?

Ich ziehe meinen Hut, wenn Menschen für Menschenrechte eintreten. Ohne jeden Zweifel denke ich, dass das notwendig und mutig ist. Deswegen gebührt diesen Menschen meine Hochachtung. Dennoch sollte man Protest meines Erachtens anpassen, um möglichst effiziente Ergebnisse zu erzielen. Als perfektes Beispiel sei an dieser Stelle PETA genannt. Ich teile durchaus nicht jede Ansicht der Bewegung. So werde ich mit Sicherheit nie auf ein Steak verzichten. Menschen haben seit jeher Tiere zwecks Ernährung gehalten. Und so wird es auch weiterhin sein. Ich sehe den Fleischkonsum als „originäres Recht der am weitesten entwickelten Spezies". Ich halte es für erstrebenswert und praktiziere es auch, dass wir bewusster mit dem Fleischkonsum umgehen sollten.

Massentierhaltung ist unmoralisch und die herrschenden Umstände sind zum Teil grauenhaft. Auch Tiere haben ein Empfinden und das Recht auf ein (wie lange auch immer) artgerechtes Leben. Jeder Einzelne kann eine Menge tun, wenn er beim Einkauf auf ein paar Dinge achtet: Die Waren sollten gern aus der Region kommen und ein europäisches Bio-Siegel tragen. Da tut man dann auch gleich was für den Umweltschutz. Gänzlich auf tierische Produkte zu verzichten halte ich für unsinnig. Ich ziehe natürlich nicht los und schieße mir meinen Wochenbedarf an Fleisch selbst. Da bin ich sehr froh, dass ich mein Steak aus dem Supermarkt holen kann.

Was meines Erachtens jedoch überhaupt nicht geht, ist Tierzucht, um aus den Fellen Mäntel oder sonstige Kleidungsgegenstände zu machen. Das ist eine Verachtung der jeweiligen Spezies. Es gibt absolut genug Stoffe, die uns warmhalten können. Wir leben nicht mehr in der Steinzeit. Um sich hier ein Bild der Zustände zu machen, reicht eine Stunde auf YouTube. Die Aktionen von PETA sind notwendig und effektiv. Wenn hier von Models, Fotografen oder Promis der Tittenbonus eingesetzt wird, kann das niemanden verletzten außer vielleicht den Ruf der Züchter. Deren moralischer Kompass dürfte jedoch so im Arsch sein, dass das gern vernachlässigt werden darf.

So darf jeder seine Meinung haben.

Wie ich bereits im Vorwort manifestiert habe, mache ich keinen Unterschied zwischen dem Geschlecht, den Rechten und Pflichten. Frauen sind genauso viel „Wert" wie Männer. In jedem Fall. Allerdings bin ich amüsiert, wenn Aktivistinnen von Femen wirklich davon ausgehen, dass in derartigen Hemisphären der Tittenbonus wirkt. Natürlich macht Übertreibung anschaulich und ein Protest dieser Art geht durch die Weltpresse. Doch was bleibt?

Wenn Josephine nach Tunesien reist, ihre Möpse entblößt und denkt, sie käme davon, ist sie mit dem Klammerbeutel gepudert. Einfach ein bisschen zu blöd für diese Welt. Vielleicht auch einfach nur naiv. Auf die Frage, was bleibt, kann die Antwort dann nur nicht enden wollendes Kopfschütteln sein.

„Mit Femen im Jemen" ist nur ein Wortspiel. Ich werde niemals mit den Mädels in den Nahen Osten reisen. Ganz sicher. Ich trete auf meine Weise für die Gleichberechtigung ein: Ich behandele alle Frauen in meinem „Lebensraum", wie es sich gehört. Dazu braucht es nur eine Erziehung und eine Intelligenz von 129.

Mein Vorschlag an Femen: Gründet eine islamistische Frauenrechtsbewegung, die vor Ort, im Land, im Glauben auf Missstände hinweist, die sie selbst für veränderungswürdig halten und zwangsläufig aus Landesfrauen besteht. Das gilt auch für die Form des Protests. Für euch gibt es im „Abendland" genug zu tun. Auch hier gibt es noch genug Potential für die Gleichberechtigung der Frauen. Und hier könnt ihr auch eure Möpse zeigen.

Aufrütteln? Nein, Dumpfbacke. Einbuchten.

Wo Sie schon hier sind:

<u>Er</u>

☐ Like
☐ Dislike
☐ Unentschlossen

☐ Hab ich auch gesehen
☐ Hab ich auch gedacht
☐ I don't give a shit

Erinnert mich an _____

<u>Sie</u>

☐ Like
☐ Dislike
☐ Unentschlossen

☐ Schon mal genauso gemacht
☐ Kenne eine, die das gemacht hat
☐ Schwachsinn

Erinnert mich an _____

k16 – Can I become a Hamburger?

(USA 2008)

Als ich im Oktober 2008 mit meiner guten Freundin Anna Urlaub in den USA mache, basiert unsere Reise auf einer klaren Absprache: Sie begleitet mich, ich bezahle. Wir standen uns schon eine ganze Weile sehr nah, verbrachten ganz ungezwungen Tage, Abende und Nächte zusammen. Wir waren beide Singles und niemandem Rechenschaft schuldig. Heute weiß ich, dass sie schon ernsthaftere Absichten hegte und sich wünschte, dass ich mich endlich in sie verliebte.

Es gab keine Stelle an ihrem Körper, die ich nicht begehrte. Wirklich wundervoll. Wunderschöne Augen, herrliche Lippen, eine süße Nase und so zarte Haut. Ihre Brüste waren wie zwei Wundertüten und jedes Mal, wenn ich sie berührte, erzitterte ihr ganzer Körper. Sie gab mir das Gefühl, sie zu jeder Zeit und an jedem Ort erregen zu können. Diese Fähigkeit will jeder Mann haben. Das tat meinem Selbstbewusstsein wirklich gut. Wenn wir miteinander schliefen, erreichte sie ihren Höhepunkt meist mit mir und ihr Saft umspülte unsere Lenden. Es war der absolute Wahnsinn. Ich fühlte mich wie der beste Liebhaber der Welt. Nie zuvor und nie wieder gab es eine bessere körperliche Harmonie.

Wie jeder Mann in meinem Alter wird gedanklich für jede potenzielle Partnerschaft ein perspektivisches Szenario gezeichnet: Kann mir diese Frau eine lebenslange Partnerin sein? Kann ich diese Frau jeden Tag für den Rest meines Lebens ertragen? Kann diese Frau die Mutter meiner Kinder sein? Oder anderes: Sind die Gene dieser Frau den Einzug in meine Familiengeschichte wert? Möchte ich nur noch neben dieser Frau aufwachen?

Ich erinnere mich gut an einen Ausspruch meines Onkels, der sagte: „Werde erwachsen. Träume nicht mehr von der einen, großen Liebe. Du brauchst eine Frau, mit der du alt werden kannst und die dir eine perfekte Partnerin ist."

Das korrespondiert leider überhaupt nicht mit den romantischen Vorstellungen meiner Jugend und ich bin sicher, dass es der Mehrzahl der Menschen genauso geht. Jeder will dieses besondere Prickeln ein Leben lang. Und jeder lernt im Laufe seines Leben mehr oder weniger schmerzhaft, dass das so nicht funktionieren kann. Irgendwann kam auch ich zu diesem Punkt. Es kommt viel mehr auf Zuverlässigkeit, Vertrauen und Ergänzung an als auf Kribbeln und Aufregung. Wenn dann auch eine gute, d.h. wie auch immer regelmäßige Sexualität hinzukommt, hast du deinen „Perfect Match" gefunden.

Es wird Zeit, dass ich die bisher überwiegend negative Besetzung des Begriffs „Tittenbonus" verifiziere. Nicht zwangsläufig sind Weltklassebrüste mit einem Weizenbrot-IQ verbunden. Allerdings gehe ich meinen Erfahrungen nach davon aus, dass auf 34 Lolas eine Anna kommt. Das ist deutlich zu wenig, um ein überwiegend positives Bild zu zeichnen. Aber ich muss erwähnen, dass Anna trotz ihrer hervorragenden physischen Vorzüge eine Frau ist, deren Intelligenz sich ohne jeden Zweifel auf meinem Niveau befindet.

Wir verbrachten eine tolle Zeit in den USA. Wir lachten viel, aßen tolle Dinge und kauften nach Herzenslust ein. Wir waren in Los Angeles, Hollywood, Venice Beach, San Diego, Las Vegas und am Grand Canyon. Wir ließen nur Frisco aus, weil wir in einigen Hotels einfach nicht aus dem Bett kamen und mit der Planung durcheinander kamen. Sei's drum. Anna war eine perfekte Reisebegleiterin.

Doch es gab eine bestimmte Situation in den USA, als ich mich dabei erwischte, nicht vorurteilsfrei über Anna zu äußern. Glücklicherweise habe ich das nur gedacht.

Obwohl wir uns beide in Deutschland bewusst ernähren, konnten wir bei der Auswahl an Burgern und dem so andersartigen Geschmack nur selten der Versuchung widerstehen. Wie schaffen es die Amerikaner nur, so saftige, hammermäßige Buletten herzustellen? Die Rinder, die wir im Vorbeifahren immer wieder zu Tausenden sahen, ähneln den deutschen sehr. Woher kommt also dieser fantastische Geschmack?

In Kalifornien gab es zu dieser Zeit eine Burgerbude, die „Jimmy's Burger" hieß. Rein da.

„Magst du mir bitte was bestellen?" säuselt Anna in mein Ohr. Ich bekomme eine Gänsehaut. Schon wieder könnte ich über sie herfallen. Gleich hier.

„Na klar." antwortete ich. Wie sollte ich da nein sagen.

„Good evening at Jimmy's. Nice to have you here. What can I do for you?" fragt der nette Herr hinter der Kasse.
„Hey, we'd like to have ..." ... bla bla bla und so weiter. Dabei lehnt Anna sich an meine Schulter und schaut auf die Tafel mit den verschiedenen Angeboten.

Noch während ich bei der Order bin entscheidet sie sich offensichtlich um und ruft euphorisch dazwischen:

„Oh, wait. I want something different. Can I become a Hamburger?"

Die Mann hinter dem Tresen blickt auf, kneift leicht ein Auge zusammen, spitz dabei den Mund und antwortet süffisant:

„Well, maybe".

Ein wirklich großartiger, denglischer Moment.

Ich mag Fastfood. Ich kann Englisch. Beides ist nicht jedermanns Sache. Anna hat diesen fantastischen Tittenbonus und ich wünsche ihr, dass sie mit einem anderen Mann irgendwann richtig richtig glücklich wird. Sie wird alles im Leben bekommen, was sie will.

Um auf die Weisheit meines Onkels zurückzukommen: Schon vor diesem Erlebnis wusste ich, dass Anna und ich keine Zukunft haben. Sie ist eine tolle Frau, dennoch ließen mich einige ihrer Verhaltensmuster schon früh zu der Erkenntnis kommen, dass sie nicht die Frau an meiner Seite sein konnte. Ich war nicht gänzlich entromantisiert. Daraus zu schließen, dass ich nicht erwachsen bin, ist nicht richtig. Ich bin einfach weiter auf die Suche gegangen.

And Anna became a Hamburger.

Ein vorletztes Mal:

Er

☐ Like
☐ Dislike
☐ Unentschlossen

☐ Schon mal erlebt
☐ Kenne jemanden, der das kennt
☐ Du bist ein Idiot, Ben.

Erinnert mich an _____

Sie

☐ Like
☐ Dislike
☐ Unentschlossen

☐ Ist mir auch schon mal passiert
☐ Kenne eine, die so gesprochen hat
☐ Ja, du bist ein Idiot. Confirmed.

Erinnert mich an _____

k17 – Frühlingspause

Neben dem „Dschungelcamp" und gehört das Event „Spring Break", exemplarisch in Fort Lauderdale, Florida, zu den anspruchslosesten Happenings des menschlichen Daseins. An keiner anderen Stelle auf der Welt treffen sich so viele Menschen mit so vielen Defiziten gleichzeitig. Tonnen von nackter Haut ertrinken im Alkohol, baden in Kotze, infizieren sich mit HIV und tanzen auf komatösen Körpern.

Spring Break ist im Grunde genommen „nur" die englische Bezeichnung für die „Frühjahrsferien" der Studenten in den USA. Und doch hat sich in den Köpfen der Menschen das Bild von freizügigen und exzessiven Partys ohne Limits festgesetzt. In Fort Lauterdale fand die Szene ihren Anfang und auch 1985 seinen Höhepunkt, als sich 350.000 Feierwütige zusammenfanden und die Stadt in Schutt und Asche legten. Damals lebten nur rund 150.000 Menschen in der Stadt. Dem ambitionierte Leser mag sich die Frage stellen, wo die alle geschlafen haben. Die Antwort ist einfach: Überall da, wo die Chicks und Guys umgefallen sind. Kacken, kotzen und pissen erfolgte an den selben Stellen. Das Feiern wurde daraufhin beschränkt, mit signifikanten Auflagen versehen und so bildeten sich andere Siedepunkte heraus, an denen die amerikanische- College- und University-Deppen die Sau rauslassen wie zum Beispiel Daytona Beach oder Panama City.

In Panama City ist auch der größte Club der USA beheimatet: La Vela. Mit einer Kapazität von 6.000 Gästen verdient sich hier der Deutsche T. Pfeffer seit Jahren eine goldene

Nase. Vor kurzem habe ich eine Reportage über ihn gesehen und auf die Frage, wieviel Geld er schon gemacht habe, antwortete er: „Ein paar Milliönchen habe ich schon". Nice. Ich habe keine Ahnung, wie intelligent der Typ ist, aber wenn man mit menschlichen Schwächen so viel Geld verdienen kann, muss er zumindest eine sehr ausgeprägte „Bauernschläue" haben.

Woran liegt es, dass eine Menge Jungmenschen in dieser Art der Freizeitgestaltung Erfüllung finden? Wie kann es sein, dass im mitunter doch recht zugeknöpften Amerika solche Happenings gibt, bei denen anerzogene moralische Kodizes und Verhaltensweisen erfolgreich ausgeblendet werden? Die Frage mit „Alkohol" zu beantworten ist nicht richtig. Die Partypeople wissen ja auch schon vorher, im nüchternen Zustand, was sie erwartet. Und wir können mit einer an Sicherheit grenzenden Wahrscheinlichkeit davon ausgehen, dass noch während der Vorlesungen vor den Frühlingsferien eine nicht unerhebliche Anzahl von Studenten nicht-alkoholisiert in den Vorlesungen sitzt.

Also, was ist der Reiz, an einer solchen Verantstaltung teilzunehmen? Es gibt nur eine Erklärung: Mädchen. Genauer: Unzählige Mädchen. Genauer: Unzählige dumme Mädchen. Nicht mal addiert ergäbe der IQ alle Dummbrazen einen dreistelligen Wert. Gäbe es für diese amerikanische fünfte Jahreszeit eine geschlechtsspezifische Trennung, wäre das Event in keiner Weise vergleichbar erfolgreich mit dem Status Quo. Mädchen, die ihre Brüste und Hintern zur Schau stellen, mit Wasser bespritzen und bejubeln lassen. Mädchen, die zu lauter Musik und unter Drogeneinfluss auf der Bühnen tanzen und dadurch urzeitliche Balzrituale bei den männlichen Zuschauern initiieren. Mädchen, die sich bis zum

Verlust der Muttersprache abfüllen lassen und dann am Strand ungeschützt irgendwem hingeben. Wochen später bleibt dann auf die Frage, wie es dann war, nur die Antwort hängen: „Oh, we had so much fun". Weil sie nichts anderes mehr darüber wissen.

Doch natürlich sind nicht nur die Mädchen alleine für den Erfolg verantwortlich. Ohne die dusseligen Männer gäbe es die Veranstaltung ebenso wenig. Das eine bedingt das andere. Ein direkter kausaler Zusammenhang. Ohne Titten und ohne Spanner keine Party. Dicke Kisten (Autos!), viel Stoff und Drogen, alles durcheinander und dann noch die vielen Titten am Start, - jeder halbwegs mit dem Schwanz denkende Kerl haut sein mit Saisonarbeit sauer verdientes Geld komplett raus. Ja, die Männer machen die Party erst möglich. Generell kann ich keine Schuldzuweisung formulieren, wer hier wen hinzieht. Die Kerle würden alleine nicht so einen Spaß haben, die Ladies wahrscheinlich schon (siehe Tupperwareparties). Die Jungs kommen nur aus einem Grund: Nackte Haut.

Mich wunderte es nicht, wenn einige amerikanische Banken Kleinkredite für Spring Break vergäben. Einen „Celebrate-Loan" oder „Money2waste-Loan". Oder in das generelle „College-Loan" wird eine Partyzulage implementiert, die nur abgerufen werden kann, wenn die Kreditkarte sich an einem Terminal in einer der Hochburgen anmeldet.

Wenn ich das irgendwie nachrechnen könnte, würde ich beweisen, dass 99% aller bargeld- und bargeldlosen Transfers zur Zeit des Spring Break von Männer getätigt werden. Die restlichen 1% kommen von den Girls, wenn sie sich täglich einen neuen Bikini kaufen. Die aufgezeigte Verteilung der

Zahlungen könnte ein Grund sein, warum die Mädels dorthin fahren. Sie feiern tagelang ohne etwas dafür zahlen zu müssen. Da kann man ja schon mal seine Brüste zeigen und sich von zwei bis sechs jungen Männern benutzen lassen. Klar. Das ist prima. Wenn ich meine Brüste doch nur auch so für mich arbeiten lassen könnte. Aber was heißt arbeiten? Ich ließe sie nur wackeln. Ein Traumjob.

Das Mädchen, dass nach Fort Lauderdale will und dort alles selbst bezahlt, kann nur extrem hässlich oder älter als 30 sein. Das verstehe ich gar nicht, schließlich kann man sich doch jede schön saufen. Ich kann mir keine Frau vorstellen, die sich beim Prädikat „billig" oder „nuttig" geschmeichelt fühlt. Und doch ist das eine Form der Prostitution. Es ist billig. Auch wenn der Jahresbeitrag für das Fitnessstudio mehrere hundert Dollar kostet. Es bleibt billig. Und wieso Frauen jenseits der 30 auf diese Art von Veranstaltungen gehen, kann ich sowieso nicht nachvollziehen.

Auf die Frage des Reporters, warum er denn jedes Jahr wieder herkäme und wo er denn schliefe, antwortete er: „I can sleep when I'm dead and gone, baby." Den ersten Teil der Frage hatte er schon wieder vergessen.

Auf die Frage des Reporters, warum sie denn das vierte Mal bereits hier ist, antwortete sie: „Cos I love to show my titties and the crowd cheering." Prima. Erwartest du sonst noch was von deinem Leben?

Kein Vorwurf, alle wollen es so. Alle wissen, dass es genau so geschehen wird. Wir stellen fest: Fort Lauderdale ist zum Spring Break das größte Bordell der Welt. Und die Männer zahlen. Wie immer.

Last chapter, I gave you my heart:

Er

☐ Like
☐ Dislike
☐ Unentschlossen

☐ Schon mal so gefeiert
☐ Kenne jemanden, der so feiert
☐ Vollpfosten unter sich

Erinnert mich an _____

Sie

☐ Like
☐ Dislike
☐ Unentschlossen

☐ Schon mal so gefeiert
☐ Kenne eine, die standardmäßig so feiert
☐ Bin ich froh, dass du kein 18. Kapitel mehr hast

Erinnert mich an _____

Vielen Dank für Ihre Zeit.

Ich freue mich jederzeit auf Ihr konstruktives Feedback. Nutzen Sie dazu gern die eMail bensinninger@gmail.com. Dabei setze ich ausschließlich auf ein respektvolles Miteinander.

Halten Sie sich auf dem Laufenden und besuchen Sie regelmäßig meine Facebookseite oder folgen Sie mir auf Twitter bzw. Instagram (siehe Impressum).